essentials

Nina C. Kraft

Gelungenes Onboarding, Reboarding und Offboarding im Unternehmen

Springer Gabler

Nina C. Kraft
Coaching & Consulting
Berlin, Deutschland

ISSN 2197-6708   ISSN 2197-6716   (electronic)
essentials
ISBN 978-3-662-69859-4   ISBN 978-3-662-69860-0   (eBook)
https://doi.org/10.1007/978-3-662-69860-0

Die Deutsche Nationalbibliothek verzeichnet diese Publikation in der Deutschen Nationalbibliografie; detaillierte bibliografische Daten sind im Internet über https://portal.dnb.de abrufbar.

Planung/Lektorat: Mareike Teichmann
Springer Gabler ist ein Imprint der eingetragenen Gesellschaft Springer-Verlag GmbH, DE und ist ein Teil von Springer Nature.
Die Anschrift der Gesellschaft ist: Heidelberger Platz 3, 14197 Berlin, Germany

Wenn Sie dieses Produkt entsorgen, geben Sie das Papier bitte zum Recycling.

Was Sie in diesem *essential* finden können

- Einführung in die Themen Preboarding, On- & Postboarding (inkl. Best Practice), Reboarding und Offboarding
- Praxistipps zur Umsetzung der Initiativen
- Leitfäden zur Erstellung von entsprechenden Plänen
- Impulse zur Gestaltung von respektvollen Kündigungen

Vorwort

Die Idee für das Buch entstand aus Gesprächen mit Freunden. Es fällt auf, dass viele Arbeitgeber das Onboarding, Reboarding und Offboarding entweder gar nicht oder nur unzureichend umsetzen. Erfahrungsgemäß werden besonders viel Energie, Geld und auch Ressourcen in das Recruiting der passenden Talente gesteckt, nur um sie doch aufgrund einer schlecht gemanagten Boarding Journey wieder zu verlieren.

Dabei handelt es sich um einfache und wertschätzende Maßnahmen, die für das Unternehmen einen positiven Return on Investment (ROI) bringen, sobald der Prozess etabliert und alle Beteiligten informiert sind.

Doch woran liegt das? Klar, die Herausforderungen beim Onboarding, Offboarding und Reboarding können vielschichtig sein. Ein zentraler Faktor ist sicherlich oft der Zeitbedarf. Bis alle Prozesse eingerichtet und alle Stakeholder an „Board" sind, kann, je nach Unternehmensgröße, massiv Zeit vergehen. Der Implementierungsprozess kann zudem anstrengend sein, da viele verschiedene Personen ihre Perspektiven und Meinungen einbringen möchten.

Darüber hinaus kann die Vielfalt der Möglichkeiten und Herangehensweisen innerhalb der Boarding Journey überwältigend sein. Das Durchforsten von Informationen und die Auswahl der besten Ansätze können zeitaufwendig sein. Um Ihnen den Einstieg zu erleichtern, habe ich mich dazu entschlossen, meine eigenen Erfahrungen, mein Wissen und die Erkenntnisse anderer in einem kompakten Leitfaden zusammenzufassen. Da es sich um ein Buch aus der *essentials*-Reihe handelt, sind die Informationen auf das Wesentliche konzentriert.

Zudem widme ich einem Kapitel dem Thema, wie man gelungen kündigt. Leider erlebe ich immer wieder Kündigungssituationen, die für beide Seiten unbefriedigend sind. Es gibt häufig Situationen, in denen ich von Fauxpas höre, die zu Unzufriedenheit und negativen Abschiedserlebnissen führen können und leicht vermeidbar sind. Dabei kann eine Kündigung seitens des Unternehmens durchaus auch respektvoll gestaltet werden. Im Kap. 6 erfahren Sie, wie man es nicht macht, und vor allem, wie man es würdig macht.

Ein Hinweis zum Gendern. Es ist mir wichtig, dass sich keine Person ausgeschlossen fühlt und der Inhalt klar transportiert wird. Um den Rat meines Kollegen Martin Lohmar zu zitieren „Die unkomplizierteste Form ist das, was den Inhalt am besten transportiert". Somit habe ich mich dazu entschlossen eine generische Form zu wählen. Dieses Buch ist im generischen Femininum geschrieben, weil es laut Statistik mehr weiblich gelesene Leserinnen haben wird als männliche.

Und nun wünsche ich Ihnen viel Spaß beim Lesen und Umsetzen!

Lassen Sie mich gerne wissen, welche Erfahrungen Sie machen. Darüber würde ich mich sehr freuen. Sie erreichen mich beispielsweise via LinkedIn.

Herzlichst

Ihre Nina C. Kraft

Inhaltsverzeichnis

Überblick Boarding Journey

Die Boarding Journey im Unternehmen ist ein anhaltender Prozess, der Arbeitnehmerinnen während ihrer gesamten Beschäftigung begleitet – angefangen vom ersten Kontakt mit dem Unternehmen bis hin zum eventuellen Exit. Diese Reise besteht aus verschiedenen Etappen: Preboarding, Onboarding, Postboarding, Reboarding und Offboarding (siehe Abb. 1.1). Mit allen werden wir uns in diesem Buch beschäftigen.

Das Preboarding legt den Grundstein für einen gelungenen Start, indem man den neuen Mitarbeiterinnen bereits vor ihrem offiziellen Eintritt ein Zugehörigkeitsgefühl gibt. Das Onboarding bietet eine strukturierte Einführungsphase, in der die Mitarbeiter*innen eingelernt und in ihre Rollen integriert werden. Das Onboarding geht nahtlos in das Postboarding über, welches sicherstellt, dass die neuen Teammitglieder langfristig erfolgreich und engagiert bleiben, indem sie kontinuierlich unterstützt und weiterentwickelt werden.

Das Reboarding ist unter gewissen Umständen ein Teil der Onbaording Journey, denn es tritt in Kraft, wenn Arbeitnehmerinnen nach einer Abwesenheit, sei es durch Elternzeit, längerer Krankheit oder einem Sabbatical, zurückkehren. Dabei werden sie wieder in den Arbeitsablauf integriert und auf den neuesten Stand gebracht. Crossboarding hingegen bezieht sich auf den Prozess, bei dem Mitarbeiterinnen innerhalb des Unternehmens in eine neue Rolle oder Abteilung wechseln.

Schließlich markiert das Offboarding den Abschied von Teammitgliedern, wobei der Prozess im besten Fall respektvoll gestaltet wird und der Übergang so reibungslos wie möglich verläuft.

N. C. Kraft, *Gelungenes Onboarding, Reboarding und Offboarding im Unternehmen*, essentials, https://doi.org/10.1007/978-3-662-69860-0_1

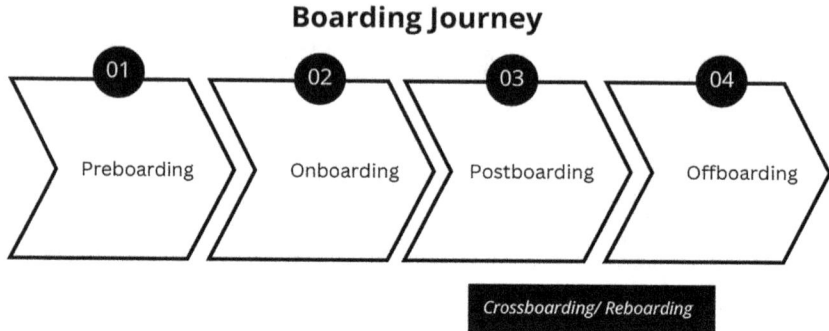

Abb. 1.1 Boarding Journey

Preboarding

Beginnen wir mit dem Preboarding. Der Vertrag ist unterschrieben und die Tinte ist trocken. Trotzdem könnte an der nächsten Ecke eine Recruiterin warten, die der fest eingeplanten neuen Mitarbeiterin oder Auszubildenden ein verlockenderes Angebot macht. Zwar können Vertragsstrafen bei Nichtantritt festgelegt werden, doch uns ist allen bekannt, dass jemand einfach am ersten Arbeitstag kündigen und spätestens nach rechtlich zulässigen zwei Wochen ein neues Arbeitsverhältnis beginnen kann. Tatsächlich ist das auch kein Ammenmärchen, sondern belegbar: 36 % der HR-Verantwortlichen und Führungskräfte haben bereits eine Kündigung zwischen der Vertragsunterschrift und dem ersten Arbeitstag erlebt (Haufe 2024, S. 4).

Warum ist das so? Oft liegen zwischen Vertragsunterzeichnung und Arbeitsbeginn mehrere Monate, in denen kaum Kontakt besteht. Die große Funkstille. Um die neue Mitarbeiterin allerdings von Anfang an, an das Unternehmen zu binden und ihre Motivation hochzuhalten, bietet sich das Preboarding an.

Preboarding bezeichnet den Prozess der Vorbereitung und Integration neuer Mitarbeiterinnen, bevor sie offiziell ihren ersten Arbeitstag im Unternehmen haben. Es ist eine Phase, die zwischen der Unterzeichnung des Arbeitsvertrags und dem tatsächlichen Eintrittsdatum liegt. Es dient dem Beziehungs- und Bindungsaufbau. Das Ziel von Preboarding ist es, mit den neuen Teammitgliedern vorab in Kontakt zu bleiben und sie bereits in dieser Phase an das Unternehmen zu binden. Im Optimalfall verspürt die neue Mitarbeiterin bereits am ersten Tag ein Zugehörigkeitsgefühl.

Ein Preboarding-Prozess kann teilweise standardisiert werden, allerdings nicht vollständig. Beispielsweise könnte festgelegt werden, dass die Vorgesetzte sich

N. C. Kraft, *Gelungenes Onboarding, Reboarding und Offboarding im Unternehmen*, essentials, https://doi.org/10.1007/978-3-662-69860-0_2

sechs Wochen vor dem Start der neuen Mitarbeiterin per Telefon, E-Mail oder LinkedIn meldet, um Vorfreude auf die Zusammenarbeit zu zeigen:

„Hallo XY, wir freuen uns schon auf Deinen Start im September! Wir planen Dich schon bei spannenden Projekten ein. Bis dahin, wir freuen uns auf Dich! XY"

Der Kontakt kann sehr simpel und kurzgehalten werden. Wie ein kleiner Fingerzeig: „Hi, wir sind noch da und haben auf der Uhr, dass Du bald startest!" Auch die HRlerinnen dürfen sich zwischendurch melden und sich nach dem Wohlbefinden erkundigen: *„Wie geht's Dir? Hast du noch Fragen?"*

Zwei Wochen vor Arbeitsbeginn bietet das Preboarding die Gelegenheit, administrative Aufgaben wie das Ausfüllen von Personalunterlagen oder die Einrichtung von IT-Zugängen vorab zu erledigen. So kann sich die neue Mitarbeiterin am ersten Arbeitstag voll und ganz auf ihre Aufgaben konzentrieren und den Onboarding-Prozess stressfrei erleben.

Eventuell ist auch ein Team-Event geplant, zu dem die neue Mitarbeiterin im Vorfeld eingeladen werden kann oder positive Nachrichten, wie beispielsweise eine Tariferhöhung oder neue Regelung zum Thema „remote work" können zuvor kommuniziert werden.

Was, denke ich, klar wird, ist, dass jedes Preboarding anders ist, weil in der Zeit zwischen Vertragsunterschrift und Start verschiedene Ereignisse liegen. Ein paar feste Initiativen können geplant sein, allerdings kann der Prozess nicht komplett standardisiert werden. In dieser Phase müssen die HR-Teams, Vorgesetzten und im besten Fall auch die vorhandenen Mitarbeiterinnen mitdenken:

- Welche Informationen sind relevant für die neue Teamkollegin?
- Zu welchen Events kann man sie einladen?

Ideen für feste Preboarding-Initiativen:

1. **Kontakt mit dem Team:** Ein virtuelles Treffen oder ein gemeinsames Essen mit dem Team und/oder der direkten Vorgesetzten, um sich vorzustellen und einen ersten Kontakt herzustellen.
2. **Informative Materialien:** Schulungsunterlagen oder Videos zu Unternehmensprozessen, -systemen und -tools, die bereits vor dem ersten Arbeitstag zugänglich gemacht werden. Hier bitte auf Freiwilligkeit hinweisen und den Führungskräften verdeutlichen, dass das vorherige (nicht) Beschäftigen mit den Materialien nichts in der Leistungsbeurteilung zu suchen hat.

3. **Onboarding-E-Mail:** In dieser E-Mail wird die Mitarbeiterin über den Ablauf ihres ersten Tages informiert und bereits benötigte Unterlagen (z. B. Personalstammdatenblatt) übermittelt, mit der Bitte um Rücksendung bzw. Abgabe am ersten Tag.

4. **Feedback zum Hiring Prozess anfragen:** Bitten Sie schon im Voraus um Rückmeldung zum Prozess, beispielsweise durch eine Umfrage. Das signalisiert dem neuen Teammitglied, dass Sie sich mit Ihren vorhandenen Abläufen beschäftigen und bestrebt sind, sich zu verbessern.

5. **Preboarding Newsletter:** Etwa sechs Wochen vor dem Startdatum beginnt man damit, der zukünftigen Mitarbeiterin regelmäßig einen kurzen Newsletter zuzusenden. Dieser Prozess kann auch automatisiert werden. Die Themen könnten beispielsweise ein Rückblick auf das letzte Mitarbeiterinnen-Event, eine Kurzvorstellung des Teams, ein Überblick über die Benefits, Vorstellung der Unternehmenskultur und Werte, Informationen zum Dresscode usw. sein.

6. **Preboarding Countdown:** Vier Wochen vor dem Start beginnt der Countdown, und jede Woche wird eine kurze Botschaft per E-Mail verschickt. Zum Beispiel: „Noch 14 Tage bis zum Start! Unser Bürohund Sam freut sich schon darauf, dich kennenzulernen!" (siehe Abb. 2.1)

Einen Tipp möchte ich Ihnen an dieser Stelle mitgeben: während der Preboarding-Phase müssen HR-Verantwortliche und Führungskräfte zusätzliche Aufgaben erledigen. Erstellen Sie eine Checkliste, um sicherzustellen, dass nichts übersehen wird. Abb. 2.2 soll Ihnen als Inspiration für die inhaltliche Gestaltung dienen.

Abschließend möchte ich mit einem motivierenden Zitat, um Frühfluktuation mittels Preboarding entgegenzuwirken: „Expert:innen sind sich einig, dass eine durchgängige Onboarding Experience in der sog. Preboarding-Phase den großen Unterschied bewirken kann: Dies gelingt mit wertschätzender Kommunikation und emotionaler Bindung bereits in der Zeit zwischen Vertragsunterschrift" (Haufe 2024, S. 6).

Abb. 2.1   Bürohund Sam

Checkliste

vor dem ersten Arbeitstag

erledigt	Aufgabe	verantwortlich	bis
	Arbeitsvertrag signiert und in P-Akte abgelegt		
	IT-Equipment bestellen und Zugänge anfordern		
	Schlüssel/Chip für den Büroeingang anfordern		
	Preboarding Initiativen sind angestoßen		
	Einbindung von Kolleginnen (teilen relevanter Informationen, TO-Do´s & Verantwortlichkeiten zugewiesen)		
	Arbeitsplatz ist voll funktionstüchtig		
	Mitarbeiterin wurde zu allen relevanten Terminen eingeladen		
	Mitarbeiterin wurde zu Onboarding/Feedback Terminen eingeladen		
	Arbeitsplatzsicherheitsschulung ist organisiert		
	Onboarding-E-Mail ist an Mitarbeiterin versendet		
	Onboardingplan ist aufgestellt und an Mitarbeiterin versendet		
	Willkommenspräsent ist organisiert		

Abb. 2.2 Checkliste vor dem ersten Arbeitstag

Onboarding und Postboarding

Erinnern Sie sich noch daran, wie es war, als Sie Ihren letzten Job begonnen haben? War alles bereits vorbereitet oder fehlten möglicherweise wichtige Dinge wie ein Laptop? Gab es eine ordentliche Einarbeitung oder waren Sie auf sich allein gestellt? Vielleicht wusste sogar Ihre Vorgängerin noch nicht einmal, dass sie gekündigt werden soll? Diese Negativbeispiele mögen extrem erscheinen, aber leider sind sie schon in meinem persönlichen Umfeld vorgekommen. Ist bei Ihnen etwas ähnliches eingetreten? Wenn ja, wie haben Sie sich dabei gefühlt? Waren es gute erste Tage oder sind Sie nach Hause gegangen und haben an Ihrer Entscheidung für die neue Arbeitgeberin gezweifelt?

Ich möchte Ihnen direkt zu Beginn dieses Kapitels ein offenes Geheimnis verraten: „Communication is key!", auch im Onboarding. Sprechen Sie mit dem zukünftigen Teammitglied und fragen Sie direkt bei Vertragsunterzeichnung: „Was ist Dir im Onboarding wichtig? Worauf sollen wir achten?". Diese Fragen zahlen auch schon in den Beziehungsaufbau während des Preboardings ein. Seinen Sie transparent, schon im Recruiting-Prozess und gehen Sie auf die Unternehmenskultur und Werte ein und kommunizieren Sie klar die Erwartungen an die Rolle – hier wird der Grundstein für ein gutes Onboarding gelegt. Denn ein Fazit aus der Onboarding Studie von Haufe lautet: „Viele neu angeworbene Talente scheinen nicht richtig zu wissen, was bei einer neuen Stelle auf sie zukommt und wie das Team und das Unternehmen ticken. Sie haben häufig falsche Erwartungen und Vorstellungen von ihrer neuen Rolle, aber auch vom Unternehmen und dessen Kultur." (Haufe 2024, S. 14).

© Der/die Autor(en), exklusiv lizenziert an Springer-Verlag GmbH, DE, ein Teil von Springer Nature 2024
N. C. Kraft, *Gelungenes Onboarding, Reboarding und Offboarding im Unternehmen*, essentials, https://doi.org/10.1007/978-3-662-69860-0_3

Onboarding im Unternehmen bezieht sich auf den Prozess, durch den neue Mitarbeiterinnen integriert und in ihren neuen Rollen, Verantwortlichkeiten und die Unternehmenskultur eingeführt werden. Ziel des Onboarding ist es, dass neue Teammitglieder sich schnell wohl fühlen, nachhaltig zufrieden sind, effektiv arbeiten können und langfristig zum Erfolg des Unternehmens beitragen.

3.1 Die Bedeutung eines strukturierten Onboarding-Prozesses

Die Onboarding-Phase erstreckt sich über einen Zeitraum von ca. zwei Wochen und spielt eine wesentliche Rolle bei der Integration neuer Mitarbeiterinnen im Unternehmen. Durch klare Richtlinien, Schulungen und Orientierungshilfen wird den neuen Teammitgliedern ermöglicht, sich schnell mit den Unternehmenszielen, -werten, -prozessen und -richtlinien vertraut zu machen.

Der strukturierte Onboarding-Prozess bietet auch einen wertvollen Vorteil, denn er verkürzt die Einarbeitungszeit merklich. Indem er den neuen Mitarbeiterinnen ein umfassendes Verständnis für ihre Rolle, Verantwortlichkeiten und die Erwartungen des Unternehmens vermittelt, können sie schneller in ihre Aufgaben und Projekte einsteigen.

Darüber hinaus fördert ein gut strukturierter und aktiv sozialisierender Onboarding-Prozess die soziale Einbindung. Durch die Teilnahme an Einführungsveranstaltungen, Teammeetings und informellen Treffen können neue Teammitglieder Beziehungen zu ihren Kolleginnen aufbauen und sich in das Arbeitsumfeld einfügen. So wird das Teamgefühl gestärkt und schafft ein positives Arbeitsklima.

Nicht zuletzt trägt ein gut gestalteter Onboarding-Prozess dazu bei, die Mitarbeiterinnenbindung zu festigen. Eine hohe Fluktuation im Team bringt immer Unruhe mit sich und die Arbeitnehmerinnen werden in ihrer Produktivität eingeschränkt. Wenn neue Mitarbeiterinnen das Gefühl haben, dass ihre Bedürfnisse gehört werden und dass das Unternehmen sich um ihre Integration kümmert, steigt die Wahrscheinlichkeit, dass sie sich nachhaltig dem Unternehmen verbunden fühlen und sich aktiv für dessen Erfolg einsetzen.

Meine These: In dieser Phase ebnet man bereits den Weg für ein gutes Offboarding. Beim Beginn schon an den Abschied denken, das klingt abstrus, allerdings baut für mich alles aufeinander auf.

Machen neue Teammitglieder negative Erfahrungen während des Onboardings, kann das für das Unternehmen ernsthafte Konsequenzen haben. Auf der einen Seite stehen natürlich die erheblichen Ressourcen, die in die Rekrutierung der neuen Mitarbeiterin investiert wurden, aber auch die „negative Presse", die diese Person in ihrem Umkreis teilt.

Es ist bedauerlich, dass eine beträchtliche Anzahl von Mitarbeiterinnen, die sich im Onboarding enttäuscht fühlen, entweder unmittelbar nach dem Start wieder auf Jobsuche gehen oder bereits zu Beginn ihrer neuen Tätigkeit demotiviert sind. Interessanterweise zeigt sich auch, dass mehr als jede fünfte neu eingestellte Mitarbeiterin, die einen schwierigen Start erlebt hat, schnell die Entscheidung trifft, sich erneut aktiv auf die Suche nach einer neuen Arbeitgeberin zu begeben (Königsteiner Gruppe 2022). Was die Bedeutung eines erfolgreichen Onboarding-Prozesses für die langfristige Bindung und Zufriedenheit des neuen Teammitglieds verdeutlicht.

Man kann also festhalten, dass ein strukturierter Onboarding-Prozess von hoher Bedeutung ist, um die Integration neuer Mitarbeiterinnen zu erleichtern, ihre Leistungsfähigkeit zu steigern und die langfristige und nachhaltige Bindung an das Unternehmen und die Zufriedenheit mit dem Unternehmen zu fördern.

3.2 Erstellung eines individuellen Onboardingplans

Grundsätzlich ist es wichtig zu betonen, dass die Führungskraft einen maßgeblichen Anteil an der Erstellung des Onboardingplans hat, möglicherweise sogar einen prozentual höheren als andere Beteiligte. Selbst wenn der Onboardingplan exzellent ausgearbeitet ist, bleibt er letztendlich nur eine gute Absicht, wenn die Führungskraft und das Team sich nicht aktiv um dessen Umsetzung kümmern. Die Verantwortung liegt somit nicht ausschließlich bei HR. Das Grundgerüst: ja! Die inhaltliche bzw. fachliche Befüllung und Umsetzung: nein!

Dies untermauert auch die Schlussfolgerung der Königsteiner Gruppe in ihrem Whitepaper Onboarding 2022: „Arbeitgeber stellen Ansprechpartner zur Verfügung, arbeiten ihre neuen Mitarbeiter gezielt ein und betreiben mehr oder minder großen Aufwand, um neue Kollegen möglichst schnell in die Organisation zu integrieren. Allerdings gehört zu einem gelungenen Start in einem neuen Job mehr als nur die konsequente Umsetzung von Onboarding-Prozessen. Diese müssen vor allem von Führungskräften und der Belegschaft gelebt werden." (Königsteiner Gruppe 2022, S. 11). Laut dem o.g. Whitepaper geben immerhin 28 % der Studienteilnehmerinnen an, dass sich ihre Vorgesetzte zu wenig Zeit für sie nahm und 27 % gaben an, dass sie in den ersten Tagen das Gefühl hatten, dass sich andere Teammitglieder nicht um sie kümmern konnten, weil sie andere Aufgaben priorisierten.

Deshalb kann und soll dieser Leitfaden sehr gerne gemeinsam mit den Führungskräften genutzt werden und deren Aufgabe ist auch, ihr Team für die Wichtigkeit zu sensibilisieren. Es liegt ebenfalls in ihrer Verantwortung, das Bewusstsein dafür zu schärfen. Ein besorgniserregendes Ergebnis der Studie zeigt auf, dass 17 % der Befragten Konkurrenzgefühle unter ihren Kolleginnen als Hindernis für einen reibungslosen Onboarding-Prozess identifizieren (Königsteiner Gruppe 2022).

Abb. 3.1 zeigt ein Beispiel für den Aufbau eines Grundgerüsts für die einfache Umsetzung mit Excel.

1. **Bedarfsanalyse durchführen:** Beginnen Sie damit, die spezifischen Anforderungen und Bedürfnisse der neuen Mitarbeiterin zu verstehen. Berücksichtigen Sie dabei ihre Rolle, ihre Erfahrung, ihre Fähigkeiten und ihre Lernpräferenzen.

ONBOARDING PLAN

NAME: KARLA NOVAK POSITION: SR. MARKETING MANAGERIN MANAGER ABTEILUNG: MARKETING STARTDATUM: 01.03			
Tag 1 // 01.03	• Begrüßung & Kennenlernen Arbeitsplatz	Vorgesetzte	09:30
	• Rundgang, Vorstellung im Unternehmen	Vorgesetzte	10:30
	• Aushändigung Equipment & Einführung	IT	11:30
	• Team Lunch	Team	12:30
	• Einführung Personalsystem & Zeiterfassung	Kollegin	14:00
Tag 2 // 02.03	• Einführung Organisationsstruktur	Legal	10:00
	• Einführung Intranet	Kollegin	11:00
	• Lunch Geschäftsführung	CEO/COO/CFO	12:00
	• Sicherheitsunterweisung	Sicherheitsbeauftragte	14:00
Tag 3 // 03.03	• Einführung Teamstruktur	Vorgesetzte	09:00
	• detaillierte Rolleneinführung	Vorgesetzte	10:00
	• Lunch Sales Team	Sales	12:00
	• Überblick Unternehmenskultur, Werte und Richtlinien	HR	14:00
Tag 4 // 04.03	• Kennenlernen Accountig-Team & Einführung Travel Cash	Accounting	09:00
	• Einführung Software für Rolle	Kollegin	10:00
	• Lunch HR-Team	HR	12:00
	• Erste Projekte/Aufgaben zuweisen	Vorgesetzte / Team	14:00
Fortlaufende Unterstützung (die ersten 6 Monate)	• monatliche Check-In's mit der Vorgesetzten		
	• Feedback-Gespräch mit HR zum On- und Preboarding		
	• Schulungen für rollenspezifische Software		

Abb. 3.1 Beispiel Onboarding Plan

2. **Ziele festlegen:** Definieren Sie klare Ziele für das Onboarding. Diese könnten die schnelle Einarbeitung in ihre Rolle, die Integration in das Team, das Verständnis der Unternehmenskultur und -prozesse oder die Entwicklung bestimmter Fähigkeiten umfassen.

3. **Onboarding-Aktivitäten planen:** Entwickeln Sie eine Reihe von Aktivitäten, die darauf abzielen, die definierten Ziele zu erreichen. Dies können Schulungen, Orientierungstage, Mentoringsitzungen, Job Shadowing, Teammeetings, informelle Gespräche und/oder andere Einführungsveranstaltungen sein.

4. **Ressourcen bereitstellen:** Stellen Sie sicher, dass alle erforderlichen Ressourcen für das Onboarding zur Verfügung stehen. Dazu gehören Schulungsmaterialien, Zugang zu Systemen und Tools, Kontakte zu Ansprechpartnerinnen im Unternehmen und Unterstützung durch Mentoren oder Buddy-Systeme.

5. **Feedback einholen:** Integrieren Sie Mechanismen zur Rückmeldung in den Onboarding-Prozess. Bieten Sie den neuen Mitarbeiterinnen die Möglichkeit, Feedback zu geben und Anpassungen vorzunehmen, um sicherzustellen, dass ihre Bedürfnisse und Erwartungen erfüllt werden.

6. **Evaluation und Anpassung:** Überprüfen Sie regelmäßig den Fortschritt der neuen Mitarbeiterin im Onboarding-Prozess und evaluieren Sie die Wirksamkeit der durchgeführten Aktivitäten. Basierend auf diesen Erkenntnissen passen Sie den Onboardingplan bei Bedarf an, um sicherzustellen, dass er effektiv bleibt

Der Leitfaden ist stark auf den individuellen Teil des Onboardings ausgelegt. Natürlich ist es empfehlenswert und zeitsparend, wenn Sie bereits ein fertiges und dabei agiles Onboarding-Konstrukt ausgearbeitet haben und es nur den individuellen Bedürfnissen und/oder Gegebenheiten anpassen (siehe Abb. 3.1). Mir ist es besonders wichtig, dass klar ist, dass jedes Onboarding, unabhängig von der zu besetzenden Rolle, dieselbe Aufmerksamkeit verdient hat.

3.3 Initiativen, um Teammitglieder in die Teamdynamik und Unternehmenskultur zu integrieren

Neben dem fachlichen Onboarding darf das soziale Onboarding nicht aus dem Fokus gerückt werden, denn wir haben gesehen, dass Menschen ausschlaggebend für (Früh)fluktuationen sein können und genauso wichtig sind sie für die Bindung von Mitarbeiterinnen an das Unternehmen.

Ich möchte an dieser Stelle Impulse für mögliche Initiativen zur Integration neuer Teammitglieder teilen.

- **Buddy:** Die Zuweisung einer Buddy, die bereits Erfahrung im Unternehmen hat, kann neuen Teammitgliedern dabei helfen, sich schneller einzuleben und sich in das Team einzufügen. Sie haben immer eine Ansprechpartnerin, an die sie sich mit vermeintlich unwichtigen und wichtigen Fragen wenden können. Eine detaillierte Erklärung zu der Initiative folgt.
- **Teambuilding-Aktivitäten:** Gemeinsame Aktivitäten innerhalb der On- und Postboarding-Phase und außerhalb des Arbeitsplatzes können dabei helfen, Beziehungen zwischen den Teammitgliedern aufzubauen und die Teamdynamik zu stärken.
- **Regelmäßiges Feedback:** Ein offener Kommunikationskanal für konstruktives Feedback ermöglicht es neuen Teammitgliedern, sich kontinuierlich zu verbessern und an die Erwartungen des Teams anzupassen.
- **Kulturelle Sensibilisierung:** Schulungen oder Workshops zur Unternehmenskultur und Diversität können dazu beitragen, das Verständnis für unterschiedliche Perspektiven und Hintergründe im Unternehmen zu fördern.
- **Inklusive Kommunikation:** Ein unterstützendes Umfeld, in dem alle Teammitglieder zu gleichen Teilen gehört und respektiert werden, ist wichtig für eine erfolgreiche Integration neuer Arbeitnehmerinnen.
- **Klare Rollen-Definition:** Klare Kommunikation und klare Definitionen der Rollen und Verantwortlichkeiten innerhalb des Teams und Unternehmen helfen, neuen Mitarbeiterinnen dabei sich schnell einzufinden.

Erweiterte Vorstellung der Initiative Buddyprogramm

Während des Onboardings ist ein Buddyprogramm eine großartige Möglichkeit, neuen Mitarbeiterinnen dabei zu helfen, sich schnell einzuleben, Anschluss zu finden und sich in die Unternehmenskultur einzufinden. Stellen Sie sich vor, Sie starten einen neuen Job und haben eine erfahrene Kollegin, die Sie auf angenehme Art unter ihre Fittiche nimmt – das ist Ihre Buddy! Sie wird Ihnen helfen, sich zurechtzufinden, alle Fragen zu beantworten und Ihnen dabei helfen, sich von Anfang an wie zu Hause zu fühlen.

Typischerweise beginnt das Buddyprogramm bereits vor dem offiziellen Start der neuen Mitarbeiterin. Die Buddy kann der neuen Mitarbeiterin Informationen über das Unternehmen, die Teamstruktur, interne Prozesse und kulturelle Nuancen bereitstellen. Während der Einarbeitungszeit steht die Buddy der neuen Mitarbeiterin als Ansprechpartnerin zur Verfügung, um ihr bei der Navigation durch den

Arbeitsalltag zu helfen, Fragen zu beantworten und sie in Meetings oder anderen Aktivitäten einzubinden.

Ein anderer Ansatz kann es auch sein das Buddypaar aus zwei unterschiedlichen Abteilungen zu matchen und ihnen den Freiraum für einen wöchentlich Austausch á einer Stunde im ersten Monat zu geben. Um den Gesprächseinstieg zu erleichtern, kann man Ideengeber im Vorfeld versenden. Dort können Fragen drauf stehen wie:

1. **Persönliche Fragen:**
   - Was motiviert dich am meisten in deiner Arbeit?
   - Welche Hobbys oder Interessen hast du außerhalb der Arbeit?
   - Was war dein bisheriges Karrierehighlight?
2. **Berufsbezogene Fragen:**
   - Wie bist du zu deiner aktuellen Position gekommen?
   - Gibt es spezielle Projekte, an denen du gerade arbeitest, die du teilen möchtest?
   - Welche Fähigkeiten möchtest du in deiner aktuellen Rolle weiterentwickeln?
3. **Teambezogene Fragen:**
   - Was schätzt du am meisten an der Zusammenarbeit im Team?
   - Gibt es bestimmte Teamtraditionen oder -gewohnheiten, die ich kennen sollte?
   - Wie gestalten wir am besten eine effektive Teamkommunikation?
4. **Unternehmensbezogene Fragen:**
   - Was ist für dich das Besondere an unserer Unternehmenskultur?
   - Welche Werte sind dir im Unternehmen besonders wichtig?
   - Wie siehst du die Zukunft des Unternehmens?
   - Warum bist du hier?
5. **Lustige und lockere Fragen:**
   - Wenn du ein Superheld wärst, welche Fähigkeit hättest du gerne?
   - Welches ist dein Lieblingsbüro-Snack?
   - Gibt es eine interessante Anekdote oder lustige Geschichte aus deiner Zeit im Unternehmen?
6. **Erfahrungsaustausch:**
   - Kannst du ein erfolgreiches Projekt teilen, an dem du beteiligt warst?
   - Was war die größte Herausforderung, der du bisher im Job begegnet bist?
   - Gibt es Ratschläge, die du neuen Kolleginnen geben würdest?

Diese Fragen können als Ausgangspunkt dienen, um eine offene und informelle Atmosphäre zu schaffen, in der sich die neuen Kolleginnen besser kennenlernen können. Es ist wichtig, dass die Fragen den individuellen Komfortbereich respektieren und Raum für persönliche sowie berufliche Gespräche bieten.

Das Buddyprogramm bietet mehrere Vorteile, sowohl für die neue Mitarbeiterin als auch für das Unternehmen selbst. Es fördert eine schnellere Integration der neuen Mitarbeiterin, reduziert das Gefühl der Isolation und ermöglicht es ihr, schneller produktiv zu werden. Für das Unternehmen kann das Programm dazu beitragen, die Mitarbeiterbindung zu stärken, die Einarbeitungszeit zu verkürzen und die Gesamtzufriedenheit der Mitarbeiterinnen zu erhöhen.

Das Buddyprogramm erfordert eine klare Kommunikation der Erwartungen sowohl für die Buddy als auch für die neue Mitarbeiterin sowie ein gewisses Maß an Engagement und Unterstützung vonseiten des Managements, um sicherzustellen, dass das Programm effektiv umgesetzt wird. Aus persönlicher und beidseitiger Erfahrung kann ich sagen, dass das Buddyprogramm sehr wertvoll ist und auch für die Buddy eine Abwechslung in den Joballtag bringt.

3.4   Abgrenzung von Onboarding und Postboarding

Postboarding ist die fortlaufende Betreuung und Unterstützung neuer Mitarbeiter nach der Onboarding-Phase, um ihre langfristige Integration und Entwicklung im Unternehmen zu fördern. Die Phase dauert bis zum Ende der Probezeit bzw. Befristung.

Das Onboarding ist auf einen Zeitraum von ca. zwei Wochen begrenzt. Das Postboarding ist hingegen die Zeit, die zwischen dem Onboarding und dem Ende der Probezeit bzw. der Befristung steht. Beide Phasen gehen nahtlos ineinander über und tragen zu einer erfolgreichen Integration im Unternehmen und einer niedrigen Frühfluktuation bei oder bewirken bei schlechter oder keiner Umsetzung genau das Gegenteil.

Im skizzierten Onboarding-Plan (siehe Abb. 3.1) ist bereits eine Postboarding-Initiative abgebildet: fortlaufende Unterstützung. Es ist wesentlich, dass man die Mitarbeiterin nach dem Onboarding nicht alleine schwimmen, sondern weiterhin den Rettungsring ausgeworfen lässt; sei es, um Pause zu machen oder sich rückzuversichern, dass man noch auf Kurs ist.

Geben Sie dem neuen Teammitglied Raum sich mitzuteilen, Fragen zu stellen, Feedback zu geben und Feedback zu erhalten. Dafür kann und soll HR den Rahmen vorgeben. Wichtig ist, dass auch Sie, als HR-Team klären, wer mit dem neuen Teammitglied im Kontakt bleibt. Warum ist das notwendig? Sie haben so die Möglichkeit gegenzusteuern, falls etwas nicht wie gewünscht läuft und das Teammitglied fühlt sich im Unternehmenskontext gesehen, nicht „nur" im Teamkontext.

3.5   Postboarding – worauf kommt es an?

Eine gute Einarbeitung, die während des Postboardings intensiv verfolgt wird, beinhaltet erfahrungsgemäß drei Teilaspekte:

Soziale Einbindung

Die soziale Einbindung sollte nicht unterschätzt werden, denn Menschen halten Menschen. Hier geht es darum ein Gemeinschaftsgefühl im neuen Teammitglied auszulösen und dabei zu unterstützen, dass es sich im Team angekommen und wohl fühlt. Ziel ist es, dass sich die neue Mitarbeiterin in das soziale Gefüge des Teams und des Unternehmens insgesamt einfügt und ihren Platz findet.

Kulturelle Einbindung

Diese geschieht zum einen durch die Einführung in die Corporate Identity eines Unternehmens, aber auch durch das Kennenlernen der Unternehmenskultur und - werte. Das Vorleben dieser Werte sollte durch das Team selbst geschehen und nicht nur durch die schriftlichen Leitbilder im Intranet oder das bloße Erwähnen der Werte bei All-Hands-Meetings. Daher ist es besonders wichtig, bereits im Recruiting-Prozess die Übereinstimmung mit den Unternehmenswerten zu erfragen. Wenn neue Mitarbeiterinnen die Werte, Kultur und Verhaltensweisen des Unternehmens verstehen und sich mit ihnen identifizieren, können sie effektiver zur Förderung dieser Kultur beitragen und haben wiederum einen positiven Effekt auf die nächsten Neustarterinnen. Ein erfolgreiches Unternehmen fußt erfahrungsgemäß auf einer gesunden und aktiv gelebten Unternehmenskultur.

Fachliche Einarbeitung

Die fachliche Einarbeitung neuer Mitarbeiterinnen ist ein wesentlicher Schritt für ihren erfolgreichen Start im Unternehmen. Dabei geht es darum, sicherzustellen, dass sie die erforderlichen Kenntnisse, Fähigkeiten und Informationen erhalten, um ihre Aufgaben effektiv zu erfüllen. Das beinhaltet u. a. organisationsinterne Prozesse und Strukturen, Unternehmenskontexte, Policies, Aufgabenstellungen und Informationen über Geschäftspartnerinnen.

Ich sagte bereits, dass jedes Onboarding, unabhängig der Rolle, dieselbe Relevanz haben sollte und das gilt auch für das Postboarding. Die Schwerpunkte im Postboarding sollten allerdings individuell betrachtet werden, denn diese hängen von der Rolle, der Persönlichkeit und auch der Berufserfahrung bzw. Expertise ab, die die neue Arbeitnehmerin mitbringt bzw. besetzt.

3.6   Besonderheiten für das digitale On- und Postboarding

Die digitale Version bietet natürlich viele Vorteile wie Flexibilität, Skalierbarkeit und Kosteneffizienz, jedoch erfordert es noch sorgfältigere Planung, um sicherzustellen, dass neue Mitarbeiterinnen erfolgreich integriert werden und sich schnell in ihrem neuen Arbeitsumfeld zurechtfinden. Eine Sache vorweg: ein persönliches Onboarding ist deutlich empfehlenswerter, als dieses in die digitale Welt zu verlagern. Trotzdem gibt es teilweise Umstände, weshalb es digital stattfinden muss. Dabei gilt es einige Besonderheiten zu beachten.

- **Virtuelle Kommunikationstools:** Digitales Onboarding erfordert den Einsatz von virtuellen Kommunikationstools, um auch auf kurzen Weg mit neuen Mitarbeiterinnen zu interagieren und Informationen auszutauschen.
- **Digitale Schulungsprogramme:** Unternehmen sollten dann auch auf digitale Schulungsplattformen oder Lernmanagementsysteme setzen, um neue Teammitglieder über Unternehmensrichtlinien, Prozesse und Produkte zu informieren. Diese Programme können interaktive Module, Videos, Quizze und andere multimediale Inhalte enthalten.
- **Remote-Teamintegration:** Bei digitalen Onboarding-Prozessen muss sichergestellt werden, dass neue Arbeitnehmerinnen sich in das remote arbeitende Team integrieren können. Das können virtuelle Einführungsveranstaltungen, virtuelle Teammeetings und informelle virtuelle Treffen sein, die das deutlich erleichtern.
- **Remote-Zugriff auf IT-Systeme:** Neue Mitarbeiterinnen benötigen zwingend einen funktionierenden Remote-Zugriff auf Unternehmens-IT-Systeme, um ihre Arbeit zu erledigen.
- **Digitale Unterstützungsprogramme:** Unternehmen sollten digitale Mentoring- und Unterstützungsprogramme anbieten, um neuen Teammitgliedern dabei zu helfen, sich in ihrer Rolle zurechtzufinden und sich mit

dem Unternehmen vertraut zu machen. Das kann virtuelles Coaching, Peer-Mentoring, Buddy-Treffen und den Zugang zu digitalen Ressourcengruppen umfassen.

- **Feedback- und Bewertungssysteme:** Digitale Onboarding-Prozesse sollten ebenfalls Feedback- und Bewertungssysteme umfassen, die es neuen Mitarbeiterinnen ermöglichen, ihre Erfahrungen während des Onboarding-Prozesses zu teilen und Rückmeldungen zu geben, um den Prozess kontinuierlich zu verbessern.
- **Regelmäßige Gespräche:** Digital sollten dieselben Feedback- und Gesprächstermine geplant werden wie non-digital. Empfehlenswerter ist es, diese im digitalen Bereich noch engmaschiger zu legen, da die „Kaffeemaschinen-Gespräche" wegfallen.

3.7 Tools für On- und Postboarding

Im Folgenden möchte ich mit Ihnen praktische Tools für On- und Postboarding teilen.

HRIS-Lösungen

- Helfen dabei, Personal zu verwalten
- Bieten oft spezielle zusätzliche Funktionen für die Boarding-Journey
- Beispiele: Personio, REXX, SAP, Microsoft Dynamics

Onboarding-Software

- Verwaltungen und Überblick über die Kommunikation
- Einbindung in die Kommunikation
- Erstellung von Schulung- & Trainingsplänen und Workshops
- Planung von relevanten Terminen
- Monitoring

Kostenlose Projektmanagement-Programme

- Einfache Darstellung und Zuweisung der Aufgaben im Onboarding
- Beispiele: Trello, Asana

Checklisten

- Klassisches Abarbeiten der Aufgaben
- Übermittlung an die einzubeziehenden Kolleginnen
- Auch digital umsetzbar mittels Cloud-Lösung

3.8 Best Practice: Onboarding-Tage bei der satis&fy AG

Interviewpartnerin: Lisa Meinert

Seit 2010 ist Lisa Meinert im HR-Bereich tätig und hat seitdem in verschiedenen Branchen und HR-Rollen wertvolle Erfahrungen gesammelt. Seit 2018 ist sie in der HR-Abteilung von satis&fy tätig. In ihrer gegenwärtigen Position als HR Teamlead People & Organisation hat sie u. a. einen maßgeschneiderten Onboarding-Prozess mitentwickelt, der im Unternehmen durchweg positive Rückmeldungen erhält. Neben ihrer Tätigkeit bei satis&fy bietet sie auch HR-Beratung für Unternehmen an, die eine nachhaltige Arbeitskultur entwickeln möchten.

satis&fy ist ein erfahrener, etablierter internationaler Marktführer für Live-Kommunikation und Markenerlebnisse und zählt zu den leistungsstärksten Unternehmen der Veranstaltungsbranche. Mit über 30 Jahren Erfahrung und einem Team von mehr als 500 Mitarbeitenden an elf Standorten weltweit gestaltet das Unternehmen international einzigartige Erlebnisse, die die Kunden begeistern. Die Expertise reicht von der technischen Inszenierung bis zur kreativen Gestaltung. satis&fy begleitet Unternehmen, Agenturen und Marken durch eine sich stetig wandelnde Kommunikationslandschaft, indem strategische Kompetenz, Kreativität, technisches und handwerkliches Know-how eingesetzt wird.

1. **Was war ausschlaggebend, dass ihr euch dem Thema Onboarding intensiv gewidmet habt?**

   Das Thema Onboarding gibt es schon lange bei der satis&fy AG. Zuvor jedoch nur einmal im Jahr für unsere neuen Auszubildenden (ca. 20 pro Jahr). Neue Mitarbeitende wurden in den jeweiligen Abteilungen an ihren Standorten (6x Deutschland, 1x Niederlande) geonboardet.

   Durch die plötzlich sehr große Anzahl an neuen Mitarbeitenden pro Monat, ca. 10–15 Mitarbeitende ab dem Sommer 2022, kam die Idee, ein einheitliches Onboarding zu gestalten und zu organisieren. Ursprünglich wurde das allererste Onboarding, wie wir es heute durchführen, im Oktober 2022 durch ein sehr engagiertes Team aus Führungskräften initiiert. Diesen Impuls ließen wir uns in der HR natürlich nicht nehmen und haben das Thema Onboarding, auch auf Wunsch der Führungskräfte hin, übernommen und weiterentwickelt.

Im Zeitraum Oktober 2022 – Oktober 2023 fanden jeden Monat Onboarding-Tage statt. Die Onboarding-Tage bestehen aus zwei Tagen, in denen den neuen Mitarbeitenden das Unternehmen vorgestellt wird. Mitarbeitende aus ganz Europa reisten dafür zu unserem Hauptstandort nach Karben (nähe Frankfurt a. M.). Insgesamt haben wir in diesem Zeitraum ca. 150 neue Mitarbeitende aus ganz Europa geonboardet. Mittlerweile hat sich die Anzahl der Einstellungen etwas verringert und die Onboarding-Tage finden ca. alle 3 Monate statt, aber weiterhin in Präsenz an unserem Standort.

2. **Wie würdest du das Konzept des Onboardings bei satis&fy beschreiben und welche Ziele verfolgt ihr damit?**

Das ganz große Ziel des Onboardings ist es, dass alle neuen Mitarbeitenden mit dem gleichen Wissensstand und den gleichen Voraussetzungen bei uns starten.

Das bedeutet auch, dass unser Konzept nicht nur die Übermittlung der Informationen über die verschiedenen Bereiche beinhaltet, sondern auch aufklärt und weitergibt, wer wir als Unternehmen sind, wo wir herkommen, wie unser Weg war und was uns und unseren Spirit und Purpose ausmacht. Dazu gehört auch eine Fragerunde mit unserem CEO und Gründer des Unternehmens, was für alle Teilnehmer immer das absolute Highlight ist.

Neue Mitarbeitende, die zu unseren Onboarding-Tagen nach Karben eingeladen werden, sind nicht nur neue Mitarbeitende und Auszubildende, sondern auch Werkstudenten und Praktikanten, die bei uns beginnen, denn sie sind für uns genauso wichtig als zukünftige Mitarbeitende nach ihrem Studium.

3. **Wer ist beim Onboarding-Prozess involviert?**

In der Vorbereitung auf die Onboarding-Tage müssen Hotels, Transport und Catering für die zwei Tage organisiert werden für alle neuen Mitarbeitenden, die nach Karben kommen. Hier bin ich als Organisatorin verantwortlich, zusammen mit unserem Backoffice, die die Hotel- und Transportbuchungen vornehmen. Das Teilnehmermanagement (Einladungen, Anfragen, Organisation der Abläufe etc.) wird auch von mir betreut.

Am ersten Tag des Onboardings stellen sich insgesamt ca. 7–8 Abteilungen/Bereiche im 30–45 min Takt vor. Zusätzlich gibt es eine kurze Vorstellung unserer Mitarbeitenden-Vertretung. Am Ende des 1. Tages findet eine „offene IT-Runde" statt, bei der IT-Mitarbeitende den ausgehändigten

Laptops noch den letzten Schliff verpassen: alles, was nach den ersten Tagen noch nicht funktioniert, wird behoben.

Als Abschluss organisieren wir in der HR ein freiwilliges Abendprogramm. Jeder der Lust hat, fährt mit uns nach Frankfurt, wo wir eine kleine selbstorganisierte Führung, vorbei an den Highlights der Stadt, durchführen und danach zu einem gemeinsamen Abendessen gehen, selbst finanziert von jedem einzelnen. Hin- und Rückfahrt wird durch satis&fy gesponsort.

Am zweiten Onboarding-Tag stellen sich weitere 7–8 Bereiche vor und die schon erwähnte Fragerunde mit unserem CEO und Gründer findet meist als vorletzter Programmpunkt statt. In der Mittagspause werden alle noch mit gebrandeter Kleidung (Hoodie und T-Shirt) ausgestattet und am Ende des zweiten Tages gibt es als Abschluss einen ersten tieferen Einblick in unser Herzstück, unsere ERP-Software, die für alle Mitarbeitenden unumgänglich ist, ob man will oder nicht.

Insgesamt sind an den zwei Tagen ca. 24–26 Personen involviert, die entweder vortragen oder im Ablauf unterstützen. In der Vorbereitung auf die Onboarding-Tage sind es ca. 8–10 Personen.

4. **Welche spezifischen Schritte und Maßnahmen sind Teil des Onboarding-Prozesses bei satis&fy? Ab wann und wie werden die neuen Mitarbeiterinnen in den Prozess involviert?**

Die neuen Mitarbeitenden erhalten ca. 4–6 Wochen vor Start des ersten Onboarding-Tags eine Einladung per E-Mail mit allen Details zur Location, in welchem Hotel sie untergebracht sind und wie sie die Hin- und Rückreise organisieren können. Wir freuen uns immer, wenn wir darauf eine positive Rückmeldung erhalten, nach dem Motto: „Cool! Ich freue mich schon drauf dabei zu sein." Ist nicht immer der Fall, aber wir wissen dennoch, dass die neuen Mitarbeitenden ein Onboarding, wie wir es durchführen, in den meisten Fällen noch nicht erlebt haben und falls doch, dann nicht in solcher einer Tiefe.

5. **Welche Rolle spielt die Unternehmenskultur bei der Gestaltung des Onboardings?**

Unsere Unternehmenskultur spielt eine zentrale Rolle bei der Gestaltung der Onboarding-Tage. Erstens ist die Idee selbst durch unsere eigenen Mitarbeitenden/Führungskräfte entstanden, gleich einer unserer Punkte aus unseren Leitfäden: „Wir fühlen uns verantwortlich und übernehmen Verantwortung."

Und zweitens haben sich die Mitarbeitenden, die vortragen, intensiv damit auseinandergesetzt, welche Informationen für die neuen Mitarbeitenden relevant sind und wie sie diese Informationen aufbereiten und präsentieren. Dies liegt ganz allein in der Verantwortung des jeweiligen Bereichs und wird nicht kuratiert. Auch die Ernennung der Person, die vorträgt, liegt im jeweiligen Bereich.

6. **Welche Herausforderungen gab es bei der Einführung des Onboardings und wie wurden sie bewältigt?**

Dadurch dass alle von Anfang an am gleichen Strang gezogen haben, konnten wir die Onboarding-Tage schnell und unkompliziert umsetzen und einführen. Dennoch waren die Anfänge etwas provisorischer, was die Vorträge betraf. Klar hatte jeder Bereich sich erstmal mündlich vorgestellt ohne Präsentation im Hintergrund. Dies hat sich dann von Monat zu Monat verbessert. Des Weiteren gab es zu Beginn auch keine Reihenfolge, nach der sich die Bereiche vorgestellt haben. Denn es macht auf jeden Fall Sinn, verwandte Bereiche hintereinander im Ablauf zu platzieren, da sie sich auch ergänzen.

Zusammengefasst kann ich aber sagen, dass diese Herausforderungen zu Beginn ziemlich übersichtlich waren und wir hier schnell optimieren und nachziehen konnten, je öfter die Onboarding-Tage stattgefunden haben.

7. **Welche Erfolge oder positiven Veränderungen habt ihr durch das Onboarding-Programm festgestellt?**

Neue Mitarbeitenden gehen von Anfang an mit ganz anderen Voraussetzungen und Wissen in ihre Abteilungen. Sie verstehen was uns als Unternehmen ausmacht, was es bedeutet Veranstaltungen, unser Kerngeschäft, umzusetzen und wie vielfältig und beeindruckend sie sind und wie viele Menschen und Abteilungen involviert sind.

Durch unsere Matrixorganisation sind einige Bereiche auch standortübergreifend tätig und so sehen wir es als einen weiteren Erfolg an, dass auch einige zugereiste neue Mitarbeitende nach den Onboarding-Tagen noch eins/ zwei Tage länger bleiben, um sich mit ihrem Team vor Ort zu vernetzen. Das schweißt zusammen.

8. **Welche Rückmeldungen habt ihr von neuen Mitarbeiterinnen zum Onboarding erhalten?**

Das Feedback der neuen Mitarbeitenden war ausgesprochen positiv. Sie waren einfach begeistert gleich von Anfang an mitgenommen zu werden, einige durften gleich an die Zentrale nach Karben fahren und fanden es unglaublich wertschätzend, dass sogar der CEO sich eine Stunde Zeit genommen hat, um sie persönlich zu begrüßen und sich ausfragen zu lassen. Jetzt sind wir schon im 2. Jahr, in dem wir die Onboarding-Tage, nun ca. alle 3 Monate, stattfinden lassen und die Führungskräfte melden sich immer proaktiv bei uns, wenn sie neue Mitarbeitenden haben, dass wir sie auch ja nicht vergessen einzuladen. Ich glaube ein besseres Feedback kann man nicht bekommen. Wir sind sehr stolz darauf, dass wir solch ein großes Projekt so schnell umsetzen konnten und es weiterhin ein großer und wertvoller Beitrag beim Onboarding neuer Mitarbeitenden geworden ist.

9. **Wie wird sichergestellt, dass das Onboarding kontinuierlich verbessert und an die sich ändernden Bedürfnisse angepasst wird?**

Schon von Anfang an holten wir uns kontinuierlich Feedback von den Teilnehmern. Hörten zu, was gut gelaufen ist und was eher nicht. So wurde schnell klar, dass einige Bereiche oft das gleiche wiederholen in manchen Punkten, so z. B. wie satis&fy als Unternehmen aufgestellt ist. Wir sind dann auf die Bereiche zugegangen und haben es mit ihnen entsprechend angepasst.

Ein weiterer Punkt war die Reihenfolge, in der sich die Bereiche vorstellten. Zu Beginn gab es keine bestimmte Reihenfolge. Jedoch stellten wir schnell fest, dass wir einen Rahmen setzen müssen, denn es gibt Vorträge, die die Historie von satis&fy erzählen und da macht es Sinn, diese an den Anfang zu setzen und die Fragerunde mit dem CEO ist immer ein Highlight am Ende der Onboarding-Tage.

Weiterhin haben wir Bereiche, die sehr eng miteinander arbeiten und verbunden sind, hintereinander gesetzt im zeitlichen Ablauf. Auch das macht mehr Sinn.

Eine weitere Verbesserung steht auf jeden Fall noch an: die Vorträge digital zugänglich zu machen. Hier müssen wir an den Präsentationen noch etwas feilen, da sie teilweise nur aus Bildern bestehen und es somit nicht nachhaltig wäre, sie einfach so online zu stellen.

10. **Welchen Rat würdest du anderen Unternehmen geben, die ein effektives Onboarding implementieren möchten, basierend auf euren Erfahrungen bei satis&fy?**

Möchte man als Unternehmen auch ein so großes Onboarding, ob digital oder in Präsenz, auf die Beine stellen, sollte die Geschäftsleitung und die Führungskräfte überzeugt davon sein, dass dies der richtige Weg ist. Wenn diese Stakeholder abgeholt sind und die Idee unterstützen, dann sollten sie auch involviert werden. Entweder sie selbst stellen sich und ihre Abteilung vor oder sie ernenne jemanden in ihrem Bereich, der dies übernimmt.

Nicht jedes Unternehmen möchte oder kann ein solch großes Onboarding, wie wir es organisieren, umsetzen, dann kann ich nur empfehlen, dass der HR-Bereich/die Personalabteilung/People & Culture selbst zumindest einen Onboarding-Tag organisiert. Das kann schon damit beginnen, dass man alle neuen Mitarbeitenden für 1–2 h zusammenbringt, digital oder in Präsenz, und ihnen das Unternehmen vorstellt, erklärt auf was sie sich zu Beginn der Anstellung einstellen können, wer für sie Ansprechpartner ist, welche Arbeitgeberleistungen gibt es, gibt es Pausenzeiten, erhalten sie ihre

Gehaltsabrechnung digital oder per Post, wie funktioniert die Zeiterfassung etc.

Ich sehe hier auch eine große Chance für HR-Bereiche /die Personalab-teilung/People & Culture, sich zu präsentieren. Denn sind wir mal ehrlich, viele Mitarbeitenden wissen oft nicht, was Mitarbeitende in der HR so täg-lich machen, außer Arbeitsverträge schreiben, den Lohn zu überweisen und Personalakten zu führen, und genau hier setzt eine proaktive Organisation durch HR/Bereiche/Personalabteilungen/People&Culture von Onboarding-Tagen an. Hier gibt es einen großen Hebel, und zwar, dass wir endlich als das wahrgenommen werden, das wir sind: Enabler einer auf den Menschen ausgerichteten und geschäftsorientierten Unternehmenskultur.

Reboarding und Crossboarding

4

Reboarding und Crossboarding sind nicht für jede Mitarbeiterin Teil der Boarding Journey und doch sollten diese Parts nicht weniger Beachtung finden. Sie können zwei wichtige Komponenten der Boarding Journey innerhalb des Employee Life Circles sein.

4.1 Reboarding

Reboarding im Unternehmen bezeichnet den strukturierten Wiedereinstiegsprozess von Mitarbeiterinnen nach längerer Abwesenheit. Es umfasst Maßnahmen zur erneuten Integration in Arbeitsabläufe und Teams, Auffrischung von Fähigkeiten und Wissen sowie Unterstützung bei der Anpassung an eventuelle Änderungen im Unternehmen. Ziel ist eine reibungslose und produktive Rückkehr oder Eingewöhnung in die neue Rolle.

Nach einer längeren Abwesenheit ist der Neustart ähnlich wie ein Onboarding zu betrachten. Zum einen, weil sich während der Abwesenheit Technologien, interne Strukturen und Prozesse verändert haben können, zum anderen muss auch die soziale Komponente berücksichtigt werden.

4.2 Gründe für Reboardings

Rückkehr aus der Elternzeit: Vermutlich der Klassiker unter den Reboardings! Arbeitnehmerinnen, die nach der Elternzeit wieder an ihren Arbeitsplatz zurückkehren, können durch ein Reboarding dabei unterstützt werden, sich über die

© Der/die Autor(en), exklusiv lizenziert an Springer-Verlag GmbH, DE, ein Teil von Springer Nature 2024
N. C. Kraft, *Gelungenes Onboarding, Reboarding und Offboarding im Unternehmen*, essentials, https://doi.org/10.1007/978-3-662-69860-0_4

Veränderungen im Unternehmen bewusst zu werden und sich auf den aktuellen Stand zu bringen.

Längere Krankheit: Mitarbeiterinnen, die wegen einer längeren Krankheit abwesend waren, benötigen eventuell Unterstützung, um wieder in den Arbeitsalltag zurückzufinden und brauchen ebenso ein Update, was sich alles während ihrer Abwesenheit verändert hat. Wichtig: Es handelt sich hier nicht um die klassische Wiedereingliederung nach dem sogenannten Hamburger Modell.

Sabbatical/längerer Urlaub: Nach einer längeren beruflichen Auszeit kann ein Reboarding ebenfalls notwendig sein, um die Mitarbeiterinnen wieder auf den neuesten Stand der Unternehmensprozesse und -entwicklungen zu bringen.

Einarbeitung nach Fusionen oder Übernahmen: Bei Fusionen oder Übernahmen kann es zu erheblichen Änderungen in Unternehmensstruktur, -kultur und -prozessen kommen, die ein Reboarding der Mitarbeiterinnen zwingend erfordern, um sich in das neue Umfeld einzugewöhnen und auch die Fusion/Übernahme erfolgreich zu gestalten.

Erneute Einstellung
Da Arbeitnehmerinnen während ihres Berufslebens häufig den Arbeitgeber wechseln, kann es nach einigen Jahren zu einer erneuten Einstellung bei einem früheren Unternehmen kommen. In diesem Fall spricht man von einem Reboarding.

4.3   Abgrenzung von Reboarding und Wiedereingliederung

Die Wiedereingliederung nach dem Hamburger Modell zielt darauf ab, Arbeitnehmerinnen nach längerer Krankheit schrittweise wieder in den Arbeitsprozess zu integrieren. Dagegen ist Reboarding ein breiter angelegter Prozess, der alle Arten von längeren Abwesenheiten und internen Wechseln abdeckt und sich auf fachliche Updates und Integration der Mitarbeiterinnen konzentriert (siehe Abb. 4.1).

Merkmal	Wiedereingliederung (Hamburger Modell)	Reboarding
Zielgruppe	Mitarbeiter nach längerer Krankheit	Mitarbeiter nach längerer Abwesenheit (z.B. Elternzeit, Sabbatical, interne Versetzung)
Dauer	Wochen bis Monate	Tage bis Wochen
Ziel	Physische und psychische Belastbarkeit wiederherstellen	Integration und Update von Wissen
Rechtlicher Rahmen	SGB V, Zustimmung durch Krankenkasse und Arzt	Meist informell, unternehmensinterne Richtlinien
Phasen	Anfangsphase, Steigerungsphase, Vollintegration	Willkommensphase, Orientierungsphase, Integration

Abb. 4.1 Unterschiede zwischen Wiedereingliederung und Reboarding

4.4 Überblick Reboarding

Ziele und Inhalte:

- Erfolgreiche Rückkehr: Unterstützung der Mitarbeiterin bei der Rückkehr in den Arbeitsalltag und Anpassung an mögliche Veränderungen im Unternehmen.
- Fachliche Aktualisierung: Auffrischung und Aktualisierung der Fachkenntnisse und Informationen über neue Prozesse oder Technologien, die während der Abwesenheit eingeführt wurden.
- Soziale Reintegration: Förderung des Wiederaufbaus sozialer und beruflicher Netzwerke innerhalb des Unternehmens.
- Emotionales Wohlbefinden: Unterstützung der Arbeitnehmerin bei der Bewältigung von Ängsten oder Unsicherheiten, die mit der Rückkehr verbunden sein können.

Herausforderungen:

- Veränderte Rahmenbedingungen: Anpassung an neue Strukturen, Prozesse und möglicherweise veränderte Unternehmensziele.
- Wiedereinstiegsbarrieren: Überwindung von Hindernissen, die durch die längere Abwesenheit entstanden sind.
- Motivation und Engagement: Wiederherstellung der Motivation und des Engagements der Mitarbeiterin für ihre Aufgaben und das Unternehmen.

4.5 Reboarding: Planung, Gestaltung und Unterstützung

Die Planung und Gestaltung des Reboarding-Prozesses in einem Unternehmen sind hilfreich, um Rückkehrerinnen optimal zu unterstützen und eine wirkungsvollere kulturelle und fachliche Rückkehr ins Team und in laufende Projekte zu gewährleisten.

Im Folgenden möchte ich einen mehrstufigen Prozess für Mitarbeiterinnen vorstellen, die nach längerer Abwesenheit zurückkehren. Der Prozess umfasst unter anderem neue Arbeitsabläufe, Restrukturierungen, interne Veränderungen, veränderte Jobprofile, die Unternehmenskultur sowie die Einstellung und den Austritt von Kolleginnen.

1. **Analyse der Ausgangssituation**
   - Zunächst wird eine umfassende Analyse der aktuellen Unternehmensstruktur und der bestehenden Prozesse durchgeführt, die die Änderungen, die seit dem Weggang der Arbeitnehmerin erfolgt sind, erfasst. Diese Analyse umfasst: Restrukturierungen, Veränderung von internen Prozessen, veränderte Jobprofile und die Einführung neuer Technologien und/oder Arbeitsmethoden.
2. **Erstellung eines individuellen Reboarding-Plans**
   - Basierend auf dieser Analyse wird ein individueller Reboarding-Plan für die Rückkehrerin erstellt, hier wird das Team, die Vorgesetzte und die HR-Abteilung involviert. Der Plan enthält alle notwendigen Schritte für das Reboarding, einschließlich der Einweisung in neue Prozesse und die Vorstellung neuer Kolleginnen. Es ist sinnvoll, sich ein Gerüst dafür aufzubauen, ähnlich wie beim Onboardingplan.
3. **Kommunikation und Informationsaustausch**
   - Die Rückkehrerin wird frühzeitig über den Ablauf des Reboarding-Prozesses informiert. Gleichzeitig wird das Team über die Rückkehr und die Rolle der Kollegin informiert, um eine nahtlose Integration zu ermöglichen.
4. **Wiedereingliederung ins Team und in Projekte**
   - Die Rückkehrerin wird schrittweise in das Team und die aktuellen Projekte integriert. Dabei wird darauf geachtet, dass sie ausreichend Zeit hat, sich mit den neuen Gegebenheiten vertraut zu machen. Die Zuweisung einer Buddy aus dem Team kann auch hier sinnvoll sein, um Fragen zu klären und den Einstieg zu erleichtern.
5. **Unterstützung und Weiterbildung für Rückkehrerinnen**

- Um die Rückkehrerin bestmöglich zu unterstützen, werden gezielte Weiterbildungsmaßnahmen angeboten. Das können beispielsweise Schulungen zu neuen Tools, Prozessen und/oder Methoden sein. Darüber hinaus sollten regelmäßige Feedbackgespräche stattfinden, um den Fortschritt zu evaluieren und bei Bedarf Anpassungen vorzunehmen.

4.6 Crossboarding

Crossboarding beschreibt den Vorgang, bei dem eine Mitarbeiterin innerhalb des Unternehmens eine neue Rolle oder Abteilung übernimmt. Dieser Wechsel kann durch eine Beförderung, eine Versetzung oder einen Wechsel in ein anderes Team oder eine andere Abteilung bedingt sein.

4.7 Abgrenzung von Crossboarding und Reboarding

Gemeinsamkeiten:

- Beide Prozesse zielen darauf ab, Mitarbeiterinnen erfolgreich in eine neue berufliche Situation zu integrieren.
- Sie erfordern strukturierte Programme und Maßnahmen, um die betroffenen Teammitglieder zu unterstützen.
- Der Fokus liegt auf der Förderung von Teamintegration und der Schließung von Kompetenzlücken.

Unterschiede:

- Anlass: Crossboarding findet innerhalb des laufenden Arbeitsverhältnisses statt und betrifft den Wechsel in eine neue Rolle oder Abteilung. Reboarding tritt nach einer längeren Abwesenheit der Mitarbeiterin auf und zielt darauf ab, sie wieder in den Arbeitsalltag zu integrieren.
- Dauer und Intensität: Reboarding kann intensiver und umfassender sein, da es möglicherweise eine längere Abwesenheit und bedeutende Veränderungen im Unternehmen betrifft. Crossboarding konzentriert sich eher auf den spezifischen Wechsel und die neuen Anforderungen der neuen Position.
- Schwerpunkte: Beim Crossboarding liegt der Fokus stärker auf der fachlichen und kulturellen Integration in eine neue Rolle oder Abteilung. Beim Reboarding steht die Rückkehr und Aktualisierung von Kenntnissen im Vordergrund.

4.8   Überblick Crossboarding

Ziele und Inhalte:

- Fachliche Einbindung: Sicherstellen, dass das Teammitglied die notwendigen Fähigkeiten und Kenntnisse für die neue Position erwirbt.
- Kulturelle Einbindung: Vermittlung der Werte und Arbeitsweisen der neuen Abteilung oder des neuen Teams.
- Soziale Einbindung: Förderung des Beziehungsaufbaus mit neuen Kolleginnen und Vorgesetzten.
- Kontinuierliche Unterstützung: Bereitstellung von Schulungen, Mentoring und anderen Unterstützungsmaßnahmen, um einen reibungslosen Übergang zu gewährleisten.

Herausforderungen:

- Anpassungsfähigkeit: Mitarbeiter müssen sich an neue Arbeitsweisen und möglicherweise an eine neue Unternehmenskultur anpassen.
- Kompetenzlücken: Identifizierung und Schließen eventueller Kompetenzlücken durch gezielte Weiterbildungsmaßnahmen.
- Change: Umgang mit Unsicherheiten und Widerständen, die durch den Wechsel entstehen können.

4.9   Crossboarding: Planung, Gestaltung und Unterstützung

1. **Verständnis für die neue Rolle:** Die Mitarbeiterin sollte genügend Zeit haben, die spezifischen Anforderungen der neuen Position und die Verknüpfung mit bestehenden Fähigkeiten zu verstehen.
2. **Auftakt-Meeting:** Um einen reibungslosen Übergang zu gewährleisten, sollte ein umfassender Auftakt organisiert werden. Bei diesem erhält die Mitarbeiterin einen umfassenden Überblick über die Teamstruktur, laufende Projekte und spezifische Erwartungen. Dieses Meeting bietet auch die Gelegenheit, erste Fragen zu klären und durch Wissensvermittlung ein Gefühl der Zugehörigkeit zu schaffen.

Soziale und fachliche Eingliederung ins Team und in Projekte

1. **Vorstellung im Team:** Ein integraler Bestandteil des Prozesses ist die formelle Vorstellung der Mitarbeiterin im Team. Das kann in Form eines Teammeetings oder einer informellen Zusammenkunft erfolgen. Die Vorstellung sollte die bisherigen Erfahrungen und die neuen Aufgaben der Mitarbeiterin hervorheben, um das Team über ihre Rolle und Verantwortlichkeiten zu informieren. Es empfiehlt sich ein persönliches Zusammenkommen.
2. **Onboarding-Plan:** Die Eingliederung in Projekte erfolgt durch einen strukturierten Plan, ähnlich wie ein Onboarding-Plan (Abb. 3.1). Dieser Plan enthält eine schrittweise Einführung in laufende Projekte, relevante Dokumentationen und Meetings mit Projektverantwortlichen. Dadurch erhält die Mitarbeiterin ein klares Verständnis für den aktuellen Projektstand und ihre spezifischen Aufgaben.
3. **Buddy:** Ein effektives Mittel zur Unterstützung der Mitarbeiterin während des Prozesses ist auch hier die Zuweisung einer Buddy. Die erfahrene Kollegin steht dem neuen Teammitglied zur Seite, bietet Unterstützung und hilft dabei, sich schneller in die neuen Aufgaben und das Team einzufinden. Das Buddyprogramm fördert zudem den Wissensaustausch und erleichtert die soziale Einbindung im neuen Team.
4. **Teambuilding-Aktivitäten:** Um das Gemeinschaftsgefühl zu stärken und die Integration zu fördern, sollten auch im Rahmen des Crossboardings Teambuilding-Aktivitäten organisiert werden. Solche Aktivitäten bieten dem Team die Möglichkeit, sich in einem informellen Rahmen kennenzulernen und Vertrauen aufzubauen.

Unterstützung und Weiterbildung

1. **Fortbildungen und Workshops:** Zur Förderung der kontinuierlichen Weiterbildung sollten regelmäßig Fortbildungen und Workshops angeboten werden. Diese können sowohl interne Schulungen als auch externe Seminare umfassen.
2. **Regelmäßige Feedbackgespräche:** Feedbackgespräche sind auch hier ein bedeutungsvolles Instrument, um den Fortschritt der Mitarbeiterin zu überwachen und gegebenenfalls Anpassungen während des Crossboardings vorzunehmen. Die Gespräche sollten in regelmäßigen Abständen stattfinden und eine offene Kommunikation über Erfolge, Herausforderungen und weitere Unterstützungsbedarfe ermöglichen.

ADMINSTRATIVE AUFGBEN BEI INTERNEM WECHSEL

Aufgabe	Verantwortlichkeit	erledigt am
• Absprache zwischen der aktuellen und der neuen Vorgesetzten zum Wechseldatum	aktuelle und neue Vorgesetzte	
• Nachtrag zum Arbeitsvertrag inkl. Stellenbeschreibung aufsetzen – Titel, Gehalt etc. anpassen	HR	
• Finalisierung der Ziele und Projekte im aktuellen Bereich	aktuelle Vorgesetzte + Mitarbeiterin	
• Aufgaben und Verantwortlichkeiten aus dem aktuellen Bereich an die Teammitglieder übergeben	aktuelle Vorgesetzte + Mitarbeiterin	
• Bewertung für das Zwischenzeugnis ausfüllen	aktuelle Vorgsetzte	
• Zwischenzeugnis erstellen (Abteilungs- bw. Vorgsetztenwechsel)	HR	
• Onboardingplan für die erste Woche in der neuen Rolle	neue Vorgesetzte + HR	
• Kolleginnen über den Wechsel informieren (interne Kommunikation)	HR	
• neue Visitenkarten bestellen	Office Management	
• Arbeitsplatz einrichten	Office Management	
• Benötigte Zugriffe auf Netzwerke/Ordner anfragen	neue vorgsetzte	
• Zugriffe auf Netzwerke einrichten/freigeben/einschränken	IT	
• Neue Gehaltsdaten der Lohnbuchhaltung übermitteln	HR	
• Personal- & Gehaltsdaten in HRIS anpassen	HR	
• vakant gewordene Stelle ausschreiben	HR	
• Ziele für die neue Rolle festlegenn	neue Vorgesetzte	

Abb. 4.2 Administrative Aufgaben bei internem Wechsel

Wichtig ist, dass auch die administrativen Aufgaben geregelt sind. Abb. 4.2 gibt einen Überblick, der individuell für jedes Unternehmen vervollständigt werden sollte.

Sowohl Cross- als auch Reboarding können essenzielle Bestandteile einer Boarding Journey während des Employee Life Circles sein. Sie zielen darauf ab, Mitarbeiterinnen in unterschiedlichen Phasen ihres Berufslebens bestmöglich zu unterstützen. Durch gezielte Maßnahmen und Programme können Unternehmen sicherstellen, dass Arbeitnehmerinnen sowohl beim Wechsel in neue Rollen als auch bei der Rückkehr nach längerer Abwesenheit erfolgreich integriert werden und sich optimal weiterentwickeln bzw. ihren Aufgaben gerecht werden zu können.

Die Gründe für das Ausscheiden von Mitarbeiterinnen sind vielfältig. Die Entscheidung kann bereits früh getroffen werden, beispielsweise aufgrund eines missglückten Onboardings oder wegen einer anvisierten Karriereveränderung oder gar wegen des bevorstehenden Ruhestands. Manchmal entscheidet auch die Arbeitgeberin, dass das Arbeitsverhältnis endet. Unabhängig vom Grund ist es wichtig, dass jedes Offboarding respektvoll und bestenfalls positiv erfolgt.

Offboarding bezeichnet den Übergangsprozess rund um den Ausstieg von Mitarbeiterinnen aus dem Unternehmen. Das umfasst die Abwicklung administrativer Aufgaben, die Sicherstellung eines reibungslosen Übergangs und potenziell auch Maßnahmen zur Wahrung der Unternehmensinteressen.

Warum ist ein gutes Offboarding so entscheidend? Leider wird vermehrt nur über das Onboarding gesprochen, dabei ist der Abschied genauso wichtig wie der Einstieg. Ein reibungsloses Offboarding kann die letzte positive Mitarbeitererfahrung im Employee Life Cycle sein, bevor es heißt boarding completed und dieser letzte Schritt kann dabei sehr gute Auswirkungen auf das Unternehmen haben.

Was sind die Gründe dafür?

1. **Wertschätzung zeigen:** Ein strukturiertes Offboarding gibt (ehemaligen) Mitarbeiterinnen das Gefühl, geschätzt zu werden und auch, dass ihre Zeit und Arbeit im Unternehmen selbst wertgeschätzt werden. So wird nicht nur die Beziehung zum Unternehmen gestärkt, sondern es wird auch ein positiver Eindruck für zukünftige Interaktionen hinterlassen.

N. C. Kraft, *Gelungenes Onboarding, Reboarding und Offboarding im Unternehmen*, essentials, https://doi.org/10.1007/978-3-662-69860-0_5

2. **Wissenstransfer sicherstellen:** Der reibungslose Übergang von Wissen und Verantwortlichkeiten ist entscheidend und von hoher Relevanz für ein Unternehmen. Ein guter Ausstieg ermöglicht es, dass das Unternehmen von den Erfahrungen und Kenntnissen der scheidenden Mitarbeiterinnen profitieren kann. Auch wenn diese nicht mehr im Unternehmen sind, sind sie dennoch ansprechbar. Hier wird bereits die Basis für ein gutes Onboarding der künftigen Stelleninhaberin gestaltet.

3. **Mitarbeiterinnenbindung stärken:** Ein positiv wahrgenommener Exit kann die Bindung ehemaliger Mitarbeiterinnen an das Unternehmen aufrechterhalten. Sie werden zu Brand Ambassadors und können potenziell als Rückkehrinnen oder Empfehlungsgeberinnen wertvoll sein.

4. **Reputationsmanagement:** Ein schlechtes Offboarding kann sich auf das Image des Unternehmens auswirken. Eine negative Erfahrung wird oft weitererzählt und kann potenziell das Employer Branding schädigen. Außerdem gibt es auch die Mitarbeiterinnen, die bleiben. Sie sehen, wie mit der künftigen Alumni umgegangen wird, auch das hat eine Auswirkung auf die Sicht und das Vertrauen in die Arbeitgeberin. Zudem können ehemalige Arbeitnehmerinnen auch potenzielle Kundinnen sein.

5. **Zeitersparnis und klare Verantwortlichkeiten:** Ein strukturierter Offboarding-Prozess, bei dem auch die genannten Tools für das Onboarding genutzt werden können, minimiert das Risiko von vergessenen, wichtigen Aufgaben. Die standardisierten Abläufe, wie die Deaktivierung von Zugängen, die Erstellung von Zeugnissen und die Rückgabe von Equipment, sind klar definiert und die Zuständigkeiten sind festgelegt. Dadurch wird auch der letzte Schritt in der Arbeitsbeziehung professionell abgewickelt.

Ein durchdachtes und gut umgesetztes Offboarding ist somit nicht nur eine Geste des Respekts gegenüber den (ehemaligen) Arbeitnehmerinnen, sondern auch ein strategischer Schritt, der das Unternehmen nachhaltig stärken kann.

5.1   Gestaltung eines Offboarding-Prozesses

Ein Offboarding-Prozess im Unternehmen ist genauso wichtig wie der Onboarding-Prozess. Dadurch wird ein reibungsloser und sicherer Übergang für ausscheidende Mitarbeiterinnen sichergestellt und schützt gleichzeitig sensible Unternehmensdaten. Bei der Gestaltung des Prozesses muss immer beachtet

werden, aus welchem Grund der Exit geschieht. Geht die Mitarbeiterin freiwillig, handelt es sich um eine Befristung oder geschieht die Kündigung doch
unternehmensseitig?

Egal wie, das Ziel ist, dass der Abschied respektvoll verläuft. Der Prozess
dahinter kann in Teilen standardisiert werden. Das Thema der unternehmenssei-
tigen Kündigung wird in Kap. 6 genauer betrachtet.

Folgend einige Schritte und Aspekte, die bei der Gestaltung des Offboarding-
Prozesses berücksichtigt werden sollten:

1. **Planung und Vorbereitung:** Beginnen Sie den Offboarding-Prozess rechtzeitig, sobald die Mitarbeiterin kündigt oder gekündigt wird. Planen Sie
   genügend Zeit ein, um alle notwendigen Schritte abzuschließen.
2. **Kommunikation:** Informieren Sie alle relevanten Stakeholder über den
   bevorstehenden Abgang der Mitarbeiterin, einschließlich des Teams, der Per-
   sonalabteilung und anderer betroffener Abteilungen. Das sollte in Absprache
   mit der ausscheidenden Mitarbeiterin und der Führungskraft geschehen.
3. **Rückgabe von Unternehmenseigentum:** Stellen Sie sicher, dass die Mitarbeiterin alle Unternehmenseigentümer wie Laptops, Schlüssel, Zugangskarten
   usw. zurückgibt.
4. **Zugriffsrechte und Sicherheit:** Wenn nötig, deaktivieren oder ändern Sie
   die Zugriffsrechte der Mitarbeiterin auf Unternehmenssysteme und -daten,
   um sicherzustellen, dass keine unerlaubten Zugriffe nach dem Ausscheiden
   erfolgen können.
5. **Übergabe von Verantwortlichkeiten:** Stellen Sie sicher, dass alle wichtigen
   Projekte, Aufgaben und Verantwortlichkeiten der Mitarbeiterin ordnungsgemäß übergeben werden, um einen reibungslosen Übergang zu gewährleisten.
6. **Abschiedsbesprechung oder -veranstaltung:** Organisieren Sie eine
   Abschiedsbesprechung oder -veranstaltung, um der Mitarbeiterin für ihre
   Arbeit zu danken und ihr alles Gute für die Zukunft zu wünschen.
7. **Auszahlungen und rechtliche Angelegenheiten:** Stellen Sie sicher, dass alle
   ausstehenden Zahlungen wie Gehalt, Urlaubsabgeltung, Bonuszahlungen usw.
   korrekt abgewickelt werden. Überprüfen Sie auch eventuelle rechtliche Ver-
   einbarungen wie Wettbewerbsverbote oder Geheimhaltungsvereinbarungen.
8. **Exit-Gespräch:** Bitten Sie die ausscheidende Mitarbeiterin um Feedback
   zum Unternehmen, zum Team und zum Arbeitsumfeld. Betonen Sie ganz
   klar, dass Sie an ehrlichen und ungeschönten Meinungen interessiert sind
   und die Äußerungen vertraulich behandelt und keine negativen Auswirkungen haben wird. Bereiten Sie dazu eine Vorlage vor. Das kann dabei helfen,

Schwachstellen im Unternehmen aufzudecken und Verbesserungen vorzunehmen. Zusätzlich zeigt es auch zum Ende hin, dass Sie die Mitarbeiterin und
ihre Perspektiven ernst nehmen und Sie haben die Möglichkeit, relevanten
Gründen entgegenzuwirken.

Die Aufgaben im Offboarding-Prozess variieren natürlich je nach Unternehmensstruktur, aber typischerweise liegen sie in der Verantwortung der Personalabtei-
lung, der direkten Vorgesetzten, der IT-Abteilung und möglicherweise anderer
relevanter Abteilungen, je nach den spezifischen Umständen des Ausscheidens.
Es ist wichtig, dass alle beteiligten Parteien gut zusammenarbeiten, um einen
effektiven Offboarding-Prozess zu gewährleisten. Hier können auch die Tools
genutzt werden, die im Kap. 3 unter Tools für On- und Postboarding aufgezählt
sind.

Vorschlag Exit-Gesprächsfragen:

1. Was waren die Hauptgründe, warum du dich entschieden hast, das Unternehmen
   zu verlassen?
2. Wie war deine Erfahrung mit der Unternehmenskultur?
3. Gab es Bereiche, in denen du dich verbessern oder weiterentwickeln wolltest,
   aber nicht die Gelegenheit dazu hattest?
4. Hast du konkrete Vorschläge zur Verbesserung des Arbeitsumfelds oder der
   Arbeitsbedingungen?
5. Wie war deine Beziehung zu deiner Vorgesetzten und deinem Team?
6. Gab es Dinge, die das Unternehmen tun könnte, um deine Entscheidung, zu
   gehen, zu verhindern?
7. Hast du während deiner Zeit im Unternehmen angemessenes Feedback und
   Unterstützung erhalten?
8. Wie würdest du die Work-Life-Balance in unserem Unternehmen bewerten?
9. Gibt es etwas, was du an deinem letzten Arbeitstag gerne anders erlebt hättest?
10. Welche Aspekte deiner Arbeit hast du besonders geschätzt und was hast du
    weniger geschätzt?

5.2 Wissensmanagement und Übergabe von Projekten

Vorbereitung ist bekanntermaßen die halbe Miete. Es ist ratsam, bereits im Vorfeld Schlüsselfunktionen im Unternehmen zu identifizieren und einen besonderen Fokus auf die Sicherung des vorhandenen Knowhows zu legen. Wenn Sie das bis heute noch nicht getan haben, ist es ein guter Moment, um damit zu beginnen.

Nun ist es so weit und die Kündigung wurde eingereicht bzw. ausgesprochen. Bereits im Kündigungsgespräch sollten Sie die Arbeitnehmerin dazu auffordern, ihre Aufgaben, Verantwortlichkeiten, Zuständigkeiten und offene Projekte zu dokumentieren. Geschieht die Kündigung durch die Arbeitgeberin und es kommen viele Emotionen auf, kann dieses Gespräch auch nachgelagert werden.

Wenn es die Situation hergibt, sollten Sie Überlappungs- und Einarbeitungszeiten einplanen und einen verbindlichen Rahmen für die Übergabe und den Austausch gewähren. Hier kann es hilfreich sein, auf Checklisten zurückzugreifen. Die Führungskraft sollte stark in den Prozess involviert sein, immerhin ist es auch in ihrem Interesse, dass die Übergabe lückenhaft geschieht.

Die Wissensstafette sorgt dafür, dass das Wissen strukturiert und effektiv weitergegeben wird, sodass sowohl die Nachfolgerin als auch das Team gut vorbereitet und informiert sind, um die Aufgaben der scheidenden Mitarbeiterin zu übernehmen.

Beispiel: Wissensstafette mit Übergabe an die direkte Nachfolgerin

1. **Einführung**
   - Die scheidende Mitarbeiterin und die Nachfolgerin treffen sich mit der Führungskraft, die den Prozess erklärt und den Rahmen festlegt. Ziel ist es, dass die scheidende Mitarbeiterin in mehreren Treffen ihr Wissen schrittweise an die Nachfolgerin weitergibt.
2. **Vorbereitung**
   - Die zukünftige Ex-Mitarbeiterin erstellt eine Liste der wichtigsten Aufgaben, Projekte und Zuständigkeiten. Sie bereitet Dokumentationen und Notizen vor, die sie der Nachfolgerin erklären wird.
   - Die Nachfolgerin bereitet sich durch das Lesen von Unterlagen und die Identifikation von Fragen vor, die sie während der Treffen stellen möchte.
3. **Durchführung**

- **Erstes Treffen:** Die scheidende Mitarbeiterin gibt eine allgemeine Einführung in ihre Rolle und Verantwortlichkeiten. Sie erklärt die wichtigsten Projekte und zeigt der Nachfolgerin die relevanten Dokumente und Systeme.
- **Zweites Treffen:** Die zukünftige ehemalige Mitarbeiterin erklärt detaillierter die laufenden Projekte, aktuelle Stände und nächste Schritte. Die Nachfolgerin erhält spezifische Aufgaben, um ein praktisches Verständnis zu entwickeln.
- **Drittes Treffen:** Die Nachfolgerin führt bestimmte Aufgaben unter Anleitung der scheidenden Mitarbeiterin durch. Dabei werden offene Fragen geklärt und Details vertieft.
- **Abschlusstreffen:** Die Nachfolgerin stellt sicher, dass sie alle notwendigen Informationen erhalten hat, und die zukünftige Ex-Mitarbeiterin gibt abschließende Tipps und Ratschläge.

4. **Reflexion**
- Während der Wissensstafette reflektieren die Nachfolgerin und die Führungskraft regelmäßig gemeinsam den Stand des Wissenstransfers und stellen sicher, dass alle wichtigen Punkte abgedeckt wurden. Bei Bedarf werden zusätzliche Schulungen oder Unterstützungen organisiert.

Die Wissensstafette kann auch sehr gut genutzt werden, um das Wissen an das Team zu übergeben, wenn noch keine Nachfolgerin eingestellt ist oder die Aufgaben auf mehrere Teammitglieder aufgeteilt werden sollen.

Beziehen Sie zusätzlich das Team in den Prozess mit ein und überlegen Sie beispielsweise gemeinsam, welche Informationen benötigt werden und wie der Knowledge-Transfer am sinnvollsten gestaltet werden kann. Eine Thema für das Team sollte auch sein, wie man die Aufgaben bis zur Einstellung einer neuen Mitarbeiterin am besten umverteilt. Eventuell gibt es auch eine Kollegin, die Aufgaben dauerhaft übernehmen möchte, um sich weiterzuentwickeln. Um diese Thematiken zu besprechen, bietet sich ein Workshop an.

Eine Kündigung sollte auch immer dafür genutzt werden, den Status quo abzufragen. Lassen sich die Verantwortlichkeiten vielleicht auch dauerhaft auf das Team umverteilen? Ist eine Neubesetzung nötig? Gibt es eine potenzielle Nachfolgerin im Team (Stichwort Mitarbeiterinnentwicklung)?

5.3 Alumni-Netzwerke und Beziehungspflege nach dem Ausscheiden

Investieren Sie in die Bindung von ehemaligen Mitarbeiterinnen.

Das klingt beim ersten Hören nicht logisch und auch wenig lukrativ, oder? Ein aktives Alumni-Netzwerk kann jedoch einen enormen Mehrwert für die Mitglieder selbst haben, aber auch dem Unternehmen einen nennenswerten Vorsprung bei der Personalsuche verschaffen. Denn ein Alumni-Netzwerk bietet zahlreiche Möglichkeiten zur Stärkung des Employer Brandings und des Mitarbeiterinnenengagements.

Durch die Pflege von Beziehungen zu ehemaligen Teammitgliedern kann das Unternehmen positive Beziehungen aufrechterhalten und potenzielle Rückkehrerinnen identifizieren bzw. mit ihnen in Kontakt bleiben. Diese Rückkehrerinnen bringen oft wertvolle Erfahrungen und neue Perspektiven mit sich, von denen das Unternehmen profitieren kann. Ein weiterer Vorteil ist, dass sie das Geschäft bzw. die Branche, die Unternehmenskultur und -werte und die Kundinnen/Partnerinnen kennen.

Darüber hinaus kann ein starkes Alumni-Netzwerk als Recruiting-Tool dienen, da zufriedene ehemalige Mitarbeiterinnen die ehemalige Arbeitgeberin aktiv empfehlen können. Dadurch liegt auch dem Recruiting-Prozess eine ganz andere Vertraulich- und Verbindlichkeit zugrunde. Ein Beispiel hierfür ist der Job-Newsletter, dieser kann effektiv eingesetzt werden, um Kandidatinnen und Alumni durch regelmäßige, zielgruppenspezifische Inhalte über Jobchancen, Karrieretipps und Branchenentwicklungen zu informieren und in Kontakt zu halten.

Die effektive Administration eines Alumni-Netzwerks erfordert eine klare Strategie, Ressourcen und Engagement vonseiten des Unternehmens. Das umfasst die Ernennung einer dedizierten Alumni-Beauftragten, um das Netzwerk zu betreuen und aktiv zu gestalten. Die Nutzung von Online-Plattformen und sozialen Medien kann die Kommunikation und Interaktion erleichtern. Regelmäßige Veranstaltungen wie Networking-Events, Fortbildungen oder informelle Treffen tragen ebenfalls zur Stärkung der Gemeinschaft bei.

Durch die Pflege solcher Beziehungen stärken Unternehmen ihre Markenreputation und maximieren zusätzlich ebenfalls das Potenzial für zukünftige Geschäftsmöglichkeiten, akquiriert durch ehemalige Arbeitnehmerinnen.

Ein erfolgreiches Alumni-Netzwerk zeichnet sich durch seine Lebendigkeit, Vielfalt und Exklusivität aus. Es sollte ehemalige Arbeitnehmerinnen aller Generationen, Abteilungen und Standorte ansprechen und Gelegenheiten zum Wachstum und zur Zusammenarbeit bieten. Durch eine offene Kommunikation, klare Richtlinien und eine aktive Beteiligung können Unternehmen ein Alumni-Netzwerk aufbauen, das nachhaltig von Nutzen ist und eine positive Wirkung auf alle Beteiligten hat.

Ein Alumni-Netzwerk ist eine Gemeinschaft ehemaliger Mitarbeiterinnen, die Verbindungen aufrechterhält und Austausch fördert. Es bietet Vorteile wie Karrierechancen, Weiterbildung und Markenbindung für das Unternehmen.

Alumni-Events

Die Ausrichtung von Alumni-Veranstaltungen kann solche Gelegenheiten bieten. Die Events machen es möglich, langfristige Beziehungen auf persönlicher Basis zu ehemaligen Mitarbeiterinnen aufrechtzuerhalten und zu pflegen. Außerdem fördern sie den Aufbau von Netzwerken, zwischen aktuellen Mitarbeiterinnen, „neuen" Alumni und bereits länger ausgeschiedenen ehemaligen Kolleginnen.

Zusätzlich bieten Alumni-Veranstaltungen die Chance zum Wissensaustausch. Ehemalige Mitarbeiterinnen bringen oft wertvolle Erfahrungen und Kenntnisse aus der Historie oder auch neuen Rollen und Branchen mit, die für aktuelle Mitarbeiterinnen von großem Nutzen sein können. Durch den Austausch von Erfahrungen und Fachwissen können alle Beteiligten voneinander lernen und ihr berufliches Wachstum fördern.

Wie bereits erwähnt, tragen solche Veranstaltungen zur Mitarbeiterinnenbindung bei. Indem Unternehmen ihre ehemaligen Teammitglieder weiterhin einbinden und schätzen, stärken sie die Bindung der Personen an das Unternehmen, weil ihnen die Möglichkeit gegeben wird, sich weiterhin als Teil der Organisation zu fühlen.

Die Organisation von Alumni-Veranstaltungen bietet ein hohes Potenzial für das Recruiting. Ehemalige Mitarbeiterinnen sind oft eine wertvolle Quelle für potenzielle neue Mitarbeiterinnen oder kehren selbst zurück. Durch regelmäßige Veranstaltungen können Unternehmen mit ehemaligen Mitarbeiterinnen in Kontakt bleiben und sie dazu ermutigen, qualifizierte Kandidatinnen für offene Stellen zu empfehlen.

Schließlich können Alumni-Veranstaltungen dazu beitragen, starke Markenbotschafterinnen zu schaffen. Ehemalige Mitarbeiterinnen, die sich mit dem Unternehmen verbunden fühlen, sind oft bereit, positiv über ihre Erfahrungen zu sprechen und potenzielle Kundinnen oder Mitarbeiterinnen anzuziehen. Durch die Pflege solcher Beziehungen stärken Unternehmen ihre Markenreputation und maximieren das Potenzial für zukünftige Geschäftsmöglichkeiten.

Ideen für Alumni-Events:

- **Networking-Veranstaltung:** Eine größere Veranstaltung für aktuelle Mitarbeiterinnen und Alumni mit Vorträgen, Diskussionen und Networking-Möglichkeiten zu aktuellen Branchentrends und Herausforderungen.

- **Karriere-Workshop:** Eine Veranstaltung, die Alumni bei der Weiterentwicklung ihrer beruflichen Fähigkeiten unterstützt, z. B. durch branchenthematische Workshops oder persönliche Weiterentwicklungsmöglichkeiten.

- **Branchenspezifisches Panel:** Ein Panelgespräch mit Alumni, die in einer bestimmten Branche erfolgreich sind, um Einblicke und Erfahrungen zu teilen.

- **Alumni-Treffen:** Ein informelles Treffen, bei dem ehemalige Mitarbeiterinnen sich austauschen, alte Freunde treffen und Erinnerungen teilen können.

- **Webinar-Serie:** Eine Reihe von Online-Seminaren zu verschiedenen Themen, z. B. Führung, Technologie oder Innovation.

- **Exklusive Unternehmensbesichtigung:** Eine Gelegenheit für Alumni, einen Einblick in die aktuellen Entwicklungen und Projekte des Unternehmens zu erhalten und das Netzwerken zu fördern.

Gelungene Kündigung

6.1 Kündigung vonseiten der Arbeitnehmerin

Die Gründe, weshalb Arbeitnehmerinnen sich für eine Kündigung entscheiden, sind vielschichtig und –seitig. Die drei Hauptgründe für Kündigungen in Deutschland sind: unzureichende Vergütung (39 %), Unzufriedenheit mit Führungskräften (36 %) und Mangel an beruflicher Entwicklung und Beförderung (34 %) (McKinsey 2022).

Doch wie kann man diese Unzufriedenheit und die Ursachen frühzeitig erkennen, um einer Kündigung entgegenzuwirken?

1. **Regelmäßige Mitarbeiterinnenbefragungen:** Durch regelmäßige Umfragen können Unternehmen die Zufriedenheit und die Gründe für etwaige Unzufriedenheiten ihrer Mitarbeiterinnen besser verstehen. Das ermöglicht es, Probleme frühzeitig zu identifizieren und gezielte Maßnahmen zur Verbesserung einzuleiten.
2. **Feedbackkultur fördern:** Eine offene Feedbackkultur, sowohl von oben nach unten als auch horizontal, ermöglicht es den Mitarbeiterinnen, Bedenken und Verbesserungsvorschläge anzusprechen. Dadurch können potenzielle Konflikte oder Unzufriedenheiten rechtzeitig erkannt und angegangen werden.
3. **Mitarbeiterinnenentwicklung fördern:** Unternehmen sollten Möglichkeiten zur beruflichen Entwicklung und Weiterbildung aktiv fördern und ihren Mitarbeiterinnen Perspektiven für persönliches Wachstum und berufliche Aufstiegschancen aufzeigen. So wird dazu beigetragen, die Motivation und Bindung der Mitarbeiterinnen zu erhöhen.

N. C. Kraft, *Gelungenes Onboarding, Reboarding und Offboarding im Unternehmen*, essentials, https://doi.org/10.1007/978-3-662-69860-0_6

4. **Führungskräfteentwicklung:** Schulungen und Coaching für Führungskräfte können helfen, deren Fähigkeiten im Umgang mit ihren Teams zu verbessern. Eine gute Führungskultur kann die Zufriedenheit der Mitarbeiterinnen erheblich beeinflussen und dazu beitragen, Kündigungen aufgrund von Unzufriedenheit mit Führungskräften zu reduzieren.

5. **Im Gespräch bleiben:** Hat die Mitarbeiterin die Unzufriedenheit erstmal adressiert, sollte die Äußerung ernstgenommen und darauf reagiert werden. Bleiben Sie dazu im Gespräch mit der Arbeitnehmerin und fragen Sie aktiv nach, ob sich die Situation verbessert hat bzw. wie man sie unterstützen kann.

Doch manchmal bringt auch all das nichts und die Mitarbeiterin entscheidet sich dazu, das Unternehmen zu verlassen und das ist ok. Kündigungen müssen nämlich nicht immer eine Katastrophe sein!

Jeder Abschied erzählt seine eigene Geschichte und jede neue Entscheidung birgt Chance auf Wachstum – sowohl für die Mitarbeiterin als auch für das Unternehmen.

Befindet sich das Unternehmen gerade in einer Phase der Veränderung, kann eine Kündigung auch neue Möglichkeiten aufmachen. Sie erlaubt es beispielsweise dem Unternehmen sicherzustellen, dass neue Teammitglieder sich mit der aktuellen Strategie und Vision identifizieren können. Darauf kann man bei der Neubesetzung einen besonderen Fokus legen.

Und was die Einstellung neuer Arbeitnehmerinnen betrifft, so kann das spannende Perspektiven und frische Ideen mit sich bringen. Neue Gesichter im Team können dazu beitragen, Innovationen voranzutreiben und die Teamdynamik verändern.

Eine weitere positive Seite ist die Verbesserung des Arbeitsumfelds. Wenn Mitarbeiterinnen, die ein toxisches Umfeld schaffen oder nicht gut im Team arbeiten können, das Unternehmen verlassen, verbessert sich automatisch die Atmosphäre für die verbleibenden Teammitglieder. Es schafft Raum für eine positivere und kooperativere Arbeitskultur.

Eine Variante kann auch sein, dass die Mitarbeiterin sich in einem anderen Unternehmen weiterentwickelt und einige Zeit später in anderer Rolle zurückkommt und einen spürbaren Mehrwert bietet. Deshalb sind wertschätzende Offboardings auch so wichtig.

Aus welchen Gründen auch immer sich die Arbeitnehmerin für den Schritt entscheidet, kann und sollte das Kündigungsgespräch freundlich verlaufen.

- **Empathie und Verständnis zeigen:** Hören Sie aufmerksam zu und zeigen Sie Verständnis für die Entscheidung der Mitarbeiterin. Erkennen Sie die Gefühle und Gedanken an, indem Sie einfühlsam reagieren. Dieses Gespräch ist in der Regel nicht einfach für die Mitarbeiterin.

- **Dankbarkeit ausdrücken:** Bedanken Sie sich für die Zeit und die Beiträge der Mitarbeiterin zum Unternehmen. Zeigen Sie Wertschätzung für ihre Arbeit und ihre Rolle im Team.
- **Fragen stellen:** Biete Sie an, offene Fragen zu beantworten und der Mitarbeiterin zu helfen, den Prozess der Kündigung zu verstehen. Ermöglichen Sie Unterstützung bei administrativen Aufgaben wie der Abwicklung von Leistungen oder dem Rückgabeprozess von Unternehmenseigentum.
- **Professionalität wahren:** Bleiben Sie während des Gesprächs professionell und respektvoll. Vermeiden Sie es, persönlich zu werden oder die Mitarbeiterin zu kritisieren, auch wenn Sie die Entscheidung eventuell nicht nachvollziehen können.
- **Zukunftsorientiert sein:** Wenn es passend ist, dann ermutigen Sie die Mitarbeiterin, über ihre beruflichen Ziele und Pläne für die Zukunft zu sprechen. Bieten Sie Unterstützung bei der beruflichen Neuorientierung bzw. bei der Suche nach neuen Karrieremöglichkeiten an.
- **Vertraulichkeit wahren:** Stelle sicher, dass alle Informationen im Zusammenhang mit der Kündigung vertraulich behandelt werden und dass die Privatsphäre der Mitarbeiterin respektiert wird.
- **Kommunikation:** Informieren Sie die weiteren Mitarbeiterinnen so schnell wie möglich über den Weggang (in Absprache mit der Person, die gekündigt hat) und bedanken Sie sich in diesem Zug auch nochmal öffentlich und ausdrücklich für die geleistete Arbeit.

6.2 Kündigung vonseiten der Arbeitgeberin

In der Regel strebt ein Unternehmen primär nach Gewinnmaximierung, was gelegentlich dazu führen kann, dass Kündigungen erforderlich sind, falls das Unternehmen dieses Ziel nicht erreicht. Solche Situationen sind oft heikel, da die Arbeitgeberin eine soziale Verantwortung gegenüber ihren Mitarbeiterinnen trägt. Es gibt natürlich auch andere Gründe für Kündigungen, wie Motivationsverlust, kontinuierliche Leistungsminderung, Fehlverhalten oder Umstrukturierung etc.

Laut der Kündigungsstudie 2018 (RATIS 2018) wurden 68 % der Arbeitnehmerinnen aus betrieblichen Gründen gekündigt und nur 11 % fristlos. Im Umkehrschluss heißt das, dass man sich als Unternehmen auf die Kündigung intensiv vorbereiten und eine respektvolle Kommunikation gewährleisten kann.

Obwohl das alles keine angenehmen Gründe sind, sind sie oft Teil der täglichen Arbeit einer HR-Verantwortlichen. Es ist möglich, diese Kündigungen trotz der unangenehmen Umstände respektvoll zu gestalten. Leider geschieht dies oft nicht, wie ein kürzlich bekanntes Negativbeispiel in meinem Bekanntenkreis zeigt. Barbara Salewski[1] wurde betriebsbedingt gekündigt.

6.3   Erfahrungsbericht Kündigung

Bei einem ehemaligen Arbeitgeber habe ich eine Kündigung erlebt, die mir wahrscheinlich noch bis in mein Rentenalter in Erinnerung bleiben wird.

Das Unternehmen hatte einige Fehlinvestitionen getätigt, dazu kam eine ungünstige Wirtschaftslage. Die Firma war nicht ernsthaft gefährdet, doch man musste sich von einigen Mitarbeiter:innen betriebsbedingt verabschieden, um Kosten zu sparen.

Rückblick
Ich hatte zwei Jahre zuvor die Marketing-Abteilung aufgebaut. Ein Jahr später bekam ich als Unterstützung eine Senior-Führungskraft, um den Ausbau der Abteilung weiter voranzubringen. Neben zwei Werkstudent:innen und einer neuen Mitarbeiterin, die kurz vor den Sparmaßnahmen angefangen hatte, war das Team komplett.

Nach einem Jahr war meine anfängliche Freude über die erfahrene Führungskraft komplett verflogen. Sie hatte keine Erfahrung im Inhouse-Marketing, war den Agenturalltag gewöhnt und dadurch kam es zu Reibungen. Meist blieben diese konstruktiv, jedoch zeigten sie, dass wir sehr unterschiedliche Ansichten darüber hatten, wie man in dem Unternehmen Marketing umsetzen sollte. Nach einigen Monaten merkte ich eine gewisse Abneigung meiner Vorgesetzten. Ihr gefiel meine Kritik nicht, und sie war nicht daran interessiert, mich weiterzuentwickeln. Anstatt klein beizugeben, habe ich immer wieder Entwicklung und Support gefordert. Als meine Führungskraft sah ich das als ihre Aufgabe an. Ich suchte mir parallel auch eigene Entwicklungsmöglichkeiten.

Trotzdem empfand ich das Unterlassen ihrer Unterstützung zunehmend als Problem für meine Entwicklung und langfristig für meine Karriere. Ich konnte von ihr keine neuen Skills lernen, sie ließ mich mit fast allen Aufgaben allein und beschwerte sich dann teilweise über meine Arbeitsweise. Sie hätte andere Ansätze gehabt oder besser gefunden. Nach mehrmaliger Nachfrage meinerseits wurde mein

---

[1] Der Name wurde geändert, um die Anonymität zu gewährleisten.

Aufgabenfeld nicht weiter definiert und auch alternative Lösungen wurden nicht aufgezeigt.

Zeitpunkt vor der Kündigung
Die neue Mitarbeiterin wurde ohne die nötigen PR-Skills eingestellt, wir verstanden uns jedoch gut. In den ersten Wochen ließ uns unsere Vorgesetzte allein mit ihrer Einarbeitung.

Kurz vor den Osterferien verkündete die Unternehmensführung dann die Spar-maßnahmen, ohne konkrete Informationen. Danach war die komplette Führung zwei Wochen nicht im Büro anzutreffen. Das Chaos und den Flurfunk kann man sich wahrscheinlich vorstellen. Ich hatte zuvor noch das geschrumpfte Marketing-Budget gesehen und wusste sofort, dass es hierfür nicht mehr als eine Person brauchen würde. Ich bereitete mich innerlich also auf meine Kündigung vor, genauso wie die neue Mitarbeiterin, die mit vier Wochen Betriebszugehörigkeit noch in der Probezeit war.

Ich nutzte mein Ansehen und Netzwerk in der Firma, um die anderen zu beru-higen und die Weltuntergangsstimmung abzufedern. Wir arbeiteten also weiter an Strategien und setzten Projekte um, so gut es eben ohne Budget und mit einer demotivierten Belegschaft ging.

Tag der Kündigung
Meine Kollegin und ich waren mit einem unserer Vertriebler bei einer Tochtergesell-schaft, um vor Ort ein von uns geplantes Interview-Format umzusetzen. Wir fuhren nach einem zehnstündigen Arbeitstag gerade zurück, als meine Chefin mir schrieb, ob wir noch einmal telefonieren könnten. Ich sagte ihr, dass ich gleich allein im Auto wäre und mich dann melde. Das Team verabschiedete sich vor der Firma, ich stieg in mein Auto und rief sie von unterwegs an.

Meine Vorgesetzte verkündete mir, dass in dem heutigen Führungsmeeting besprochen wurde, wer alles das Unternehmen verlassen müsse. Auch mich habe es aus betrieblichen Gründen getroffen. Ich hätte es ihr geglaubt, dass es eine rein betriebliche Entscheidung war, jedoch wurde die Mitarbeiterin, die sich in der Pro-bezeit befand, nicht gekündigt. Betriebsbedingt wäre sie ganz klar vor mir dran gewesen. Jedoch hatte sich meine Vorgesetzte für ihren Verbleib eingesetzt.

Ich fragte nach den Gründen für diese Entscheidung und erhielt auch da nur Ausreden. Aus rein betrieblicher Sicht hätte sogar meine Chefin vor mir gehen müssen, aber ich wusste, dass ich in diesem Unternehmen auch nicht mehr arbeiten wollte. Ich fragte nach den Konditionen, diese konnten mir nicht genannt werden. Die HR hatte noch keinen Plan fertig, ich solle mich morgen bei der HR-Leitung melden. Ich vereinbarte für den kommenden Tag Homeoffice, legte auf und fuhr weiter nach Hause.

Die Zeit danach

Am nächsten Tag ging ich auf die HR-Leitung zu und fragte nach den Konditionen, die für mich im Raum stehen und stelle meine Fragen. Wie lange werde ich noch beschäftigt sein? Gibt es eine Abfindung und werde ich freigestellt? Keine dieser Fragen wurde beantwortet. Ich wurde auf ein Online-Meeting am nächsten Tag vertröstet. Trotzdem entschied ich mich, in die Firma zu kommen, um erste Sachen mitzunehmen und die Kündigung persönlich entgegenzunehmen. Parallel kontaktierte ich meinen Anwalt. Er erinnerte mich an die üblichen Vorsichtsmaßnahmen: „Unterschreibe nichts außer den Erhalt der Kündigung" und „Stimme keinem Deal zu, ohne mit mir zu sprechen". Ein typisches Anwaltsgespräch. Wir vereinbarten einen Termin für die nächste Woche, um den Inhalt der Kündigung gemeinsam zu besprechen.

Am Freitag kam ich ins Büro und checkte zuerst mein Fach. Hier lag keine schriftliche Kündigung, und meinen Briefkasten hatte ich zuvor ebenfalls durchsucht.

Das Gespräch mit HR empfand ich als seltsam. Es gab keine konkrete Abwicklung, kein Angebot oder Entgegenkommen. Auf meine Nachfrage, auch im Namen meines Anwalts, wurde mit viel Verwunderung reagiert. „Ich hätte also schon einen Anwalt eingeschaltet", fragte die HR-Leitung vorwurfsvoll. Ich unterdrückte ein Lachen. Schon? Es sind zwei Tage vergangen, seit ich mündlich gekündigt wurde. Natürlich spreche ich mit einem Anwalt.

An diesem Tag konnte man mir immer noch nicht genau sagen, wie es weitergehen würde. Meine Chefin war ebenfalls im Büro und verhielt sich merkwürdig. Sie kritisierte meine freundliche Art und die Tatsache, dass ich meine Sachen bereits packte. Da mein Hund oft mit im Büro war, hatte ich dort entsprechende Utensilien für ihn, die ich sicherheitshalber schon einmal einpackte. Mein Gefühl sagte mir, dass ich die nächsten Wochen verstärkt im Homeoffice arbeiten oder freigestellt werden würde. Ich war unsicher, wie ein Unternehmen in einer solchen Situation normalerweise verfahren würde. Meine Vorgesetzte war jedenfalls verärgert über meine Vorgehensweise und machte mir Vorwürfe. Sie behauptete, ich würde nur freundlich tun, sei aber eigentlich wütend. Dass ich meine Sachen packte, zeuge von übertriebener Emotionalität. Sie forderte mich auf, ehrlich zu sein und zuzugeben, dass ich wütend sei. Ich ging nicht darauf ein, da ich nicht verstand, wie ein Streit die Situation verbessern könnte. Ich war schockiert von ihrer unprofessionellen Art und sagte ihr dies auch. An diesem Tag konnten wir keine Einigung erzielen.

Ich vermute, dass sie selbst verletzt war und ihre Gefühle auf mich projizierte. Möglicherweise fiel ihr die Situation schwerer als erwartet. Außerdem war ihr Ansehen in der Firma nicht gut, während ich besser vernetzt war als die meisten Führungskräfte. Meine Kündigung brachte ihr zusätzlichen Gegenwind aus der Belegschaft ein. Aber vor allem war sie wütend, weil ich keine Reaktion von Wut oder Trauer zeigte.

War ich wütend wegen der Kündigung? Ehrlich gesagt, nein. Sie hatte mir eigentlich einen Gefallen getan. Ich war unglücklich, ohne Perspektive, und konnte mich unter ihrer Führung nicht weiterentwickeln. Die Kündigung war ein Befreiungsschlag, besonders da die betriebliche Situation keine Sicherheit mehr bot. Ich glaube, das hat sie zusätzlich irritiert.

Die Lösung

Es dauerte über eine Woche, bis ich die schriftliche Kündigung in den Händen hielt. Das erste Angebot war nicht ernst zu nehmen. Nachdem mein Anwalt und ich noch einmal klargestellt hatten, dass eine betriebsbedingte Kündigung mit dieser Ausgangslage nicht wirksam sein wird, wurde das Angebot zu meinen Bedingungen angepasst.

Ich konnte in Ruhe einen neuen Job finden und den Sommer noch etwas genießen. Mit etwas Abstand habe ich verstanden, welche groben Fehler das Unternehmen gemacht hat. Für mich ist es sehr gut ausgegangen. Ich bin froh, dass ich mich nicht habe unterkriegen lassen und immer für mich und meine Werte eingestanden habe.

Sind Sie fertig mit Kopfschütteln? Dieser Erfahrungsbericht klingt unglaublich, fast schon konstruiert, oder? Ich kann Ihnen sagen, dass das leider wirklich so passiert ist und auch kein Einzelfall. Immer wieder erreichen mich Schilderungen dieser Art.

Was hätte hier besser laufen können?

Der Erfahrungsbericht schildert zahlreiche Fehler und Versäumnisse seitens der Führungskraft und der HR-Abteilung, sowohl in der Kommunikation als auch in Bezug auf das deutsche Arbeitsrecht. Hier sind einige Punkte, die besser hätten gemacht werden können:

Kommunikation und Führung
Frühzeitige und transparente Kommunikation:

- Unternehmensführung: Die Ankündigung von Sparmaßnahmen sollte konkreter und beruhigender gestaltet werden. Klare Informationen zu Umfang und Zeitrahmen hätten Unsicherheit und Gerüchte minimiert.

- Führungskraft: Eine Kündigung telefonisch mitzuteilen, ist nicht nur äußerst unpersönlich, sondern auch eine unprofessionelle Vorgehensweise. Es wäre besser gewesen, bis zum nächsten Tag zu warten und das Gespräch gemeinsam mit HR während der Arbeitszeit zu führen, gut vorbereitet und mit dem nötigen Respekt für die Situation.

Klare und konstruktive Feedbackkultur:

- Führungskraft: Ein regelmäßiges, konstruktives Feedback und eine klare Definition der Aufgaben und Erwartungen sind entscheidend. Die beschriebenen Reibungen und Missverständnisse hätten durch regelmäßige Gespräche und klar formulierte Ziele vermieden werden können.
- Entwicklung und Unterstützung: Die Führungskraft hätte die Verantwortung übernehmen müssen, die Entwicklung der Mitarbeiterin zu fördern. Hier muss man allerdings differenzieren, denn die Führungskraft/Arbeitgeberin kann einem dabei helfen die Weichen zu stellen, aber befähigen muss die Mitarbeiterin sich selbst.

Emotionale Intelligenz und Professionelles Verhalten:

- Führungskraft: Professionelles Verhalten und emotionale Intelligenz sind in schwierigen Situationen entscheidend und unabdingbar für eine gute Führungskraft. Die beschriebenen Vorwürfe und die Kritik an der Reaktion der Mitarbeiterin sind unprofessionell und kann sich auch im Nachgang schädlich für das Arbeitsklima auswirken.

HR-Abteilung und rechtliche Aspekte
Korrekte und Zeitnahe Information:

- HR-Leitung: Nach der Kündigung sollte die HR-Abteilung sofort klare Informationen zu den weiteren Schritten, Konditionen und möglichen Abfindungen bereitstellen. Die Verzögerungen und Unklarheiten in der Kommunikation sind inakzeptabel und verunsichern die Mitarbeiterin zusätzlich.
- Persönliche Übergabe der Kündigung: Eine schriftliche Kündigung sollte direkt und im besten Fall persönlich übergeben werden, um Unsicherheiten und Missverständnisse zu vermeiden.

Einhaltung von gesetzlichen Vorgaben:

- Betriebsbedingte Kündigung: Nach deutschem Arbeitsrecht muss eine betriebsbedingte Kündigung klar begründet und sozial gerechtfertigt sein. Die Auswahlkriterien, die zur Kündigung führen, müssen transparent und nachvollziehbar sein. Hier scheint es, als ob diese Kriterien nicht erfüllt wurden, insbesondere weil die neue Mitarbeiterin, die noch in der Probezeit war, nicht gekündigt wurde.
- Sozialauswahl: Bei betriebsbedingten Kündigungen muss eine Sozialauswahl durchgeführt werden, bei der Kriterien wie Dauer der Betriebszugehörigkeit, Lebensalter, Unterhaltspflichten und Schwerbehinderung berücksichtigt werden. Es scheint, als ob diese Sozialauswahl nicht ordnungsgemäß durchgeführt wurde.

Professioneller Umgang mit Anwälten:

- HR-Leitung: Der vorwurfsvolle Umgang mit der Einschaltung einer Anwältin ist unprofessionell. Mitarbeiterinnen haben das Recht, sich rechtlich beraten zu lassen, das sollte respektiert und akzeptiert werden.

Fazit und Verbesserungsvorschläge

- Führungskräfte-Schulungen: Die Führungskräfte sollten regelmäßig geschult werden, insbesondere im Bereich der Mitarbeiterführung, Kommunikation und auch rechtlicher Grundlagen.
- Klare Prozesse und Checklisten: Für Kündigungen sollten klare Prozesse und Checklisten existieren, die sicherstellen, dass alle rechtlichen und kommunikativen Anforderungen erfüllt werden.
- Transparenz und Fairness: Eine transparente und faire Kommunikation sowie die Einhaltung gesetzlicher Vorgaben sind essenziell, um Vertrauen und ein positives Arbeitsklima im verbleibenden Team zu erhalten.

Um nochmal auf die Erfahrung von Barbara zu kommen. Ich frage mich, warum wird so mit Menschen umgegangen? Kündigungen sind nicht schön. Kündigungen machen keinen Spaß. Eine Kündigung wird vermutlich auch einen Butterfly-Effect im Privatleben der gekündigten Person auslösen und doch sind sie leider manchmal unumgänglich. Deshalb sollte es die oberste Priorität der Führungskraft und der HR-Abteilung sein, die Kündigung respektvoll zu gestalten.

Doch wie gelingt das?

1. **Prüfung:** Eigentlich selbsterklärend, aber nicht selbstverständlich: prüfen Sie, ob die Kündigung rechtssicher ist! Holen Sie sich Unterstützung in Form einer Fachanwältin zur Seite.

2. **Planung und Vorbereitung:** Bereiten Sie sich gründlich auf das Gespräch vor. Überprüfen Sie die Unternehmensrichtlinien, rechtlichen Gegebenheiten und sammeln Sie alle relevanten Informationen, die Sie der Mitarbeiterin geben müssen. Fragen Sie sich: Was könnte die Mitarbeiterin fragen/wissen wollen? Seien Sie vorbereitet auch auf Nachfragen.

   In der Praxis hat es sich für mich bewährt, mir im Vorfeld einen Gesprächsleitfaden zurecht zu schreiben. Sowohl bei betrieblichen, fristgerechten als auch fristlosen Kündigungen. Durch Ihre gute Vorbereitung können Sie die möglichen negativen Konsequenzen etwas abmildern.

3. **Persönliches Gespräch:** Kündigen Sie im besten Fall persönlich anstatt per E-Mail, SMS oder Telefon. Sollte ein persönliches Gespräch nicht möglich sein, versuchen Sie ein Telefonat während der Kernarbeitszeit zu vereinbaren und lassen Sie die Kündigung, beispielsweise mittels Kurier, erst nach dem Gespräch zustellen. Reservieren Sie sich ausreichend Zeit für das Gespräch und wählen Sie einen Ort, an dem Sie ungestört reden können.

4. **Klare Kommunikation:** Seien Sie direkt und klar und dabei trotzdem sensibel in der Kommunikation, warum die Kündigung stattfindet. Vermeiden Sie Unklarheiten oder Andeutungen.

5. **Empathie zeigen:** Sie dürfen Mitgefühl und Verständnis für die Situation der Mitarbeiterin zeigen und ihre Leistungen und Beiträge zum Unternehmen anerkennen.

6. **Zuhören:** Bieten Sie der Mitarbeiterin die Möglichkeit, ihre Gedanken und Fragen zu äußern. Hören Sie aufmerksam zu und beantworten Sie alle Fragen so transparent wie möglich.

7. **Ressourcen anbieten:** Bieten Sie Unterstützung und Ressourcen an, um den Übergang zu erleichtern. Das können Informationen zu Arbeitslosenunterstützung, Hilfe bei der Jobsuche oder Unterstützung beim Verlassen des Arbeitsplatzes sein (z. B. Rufen eines Taxis).

8. **Vertraulichkeit wahren:** Respektieren Sie die Privatsphäre der Mitarbeiterin und halten Sie die Gründe für die Kündigung vertraulich (!), es sei denn, die Mitarbeiterin gibt ausdrücklich die schriftliche Erlaubnis, diese Informationen zu teilen.

9. **Kommunikation:** Informieren Sie die weiteren Mitarbeiterinnen so schnell wie möglich über den Weggang (in Absprache mit der gekündigten Person) und bedanken Sie sich in diesem Zug auch nochmal öffentlich und ausdrücklich für die geleistete Arbeit.

10. **Abschied ermöglichen:** Organisieren Sie einen respektvollen Abschied, wenn die Mitarbeiterin das Unternehmen verlässt. Das kann eine kleine Abschiedsfeier oder ein kurzes Beisammensein. Egal in welchem Rahmen, es sollte persönliche Worte von der Vorgesetzten und/oder Kollegin beinhalten.
11. **Follow-Up:** Bieten Sie an, in Kontakt zu bleiben und Unterstützung anzubieten, wenn die Mitarbeiterin es wünscht. Stellen Sie sicher, dass alle administrativen Details in Bezug auf die Kündigung ordnungsgemäß abgewickelt werden.

Sie sehen, es ist nicht schwer, dass eine Kündigung durch die Arbeitgeberin so respektvoll und menschlich wie möglich verläuft.

6.4 Emotionaler Umgang mit Kündigungen im Team

Die Personen, die entscheiden, ob eine Mitarbeiterin gekündigt werden soll oder nicht, sollten sich immer bewusst sein: Werden High-Performer entlassen, gehen auch die Kolleginnen.

Eine Studie der University of British Columbia zeigt, dass es einen großen Unterschied macht, ob eine Mitarbeiterin selbst kündigt oder entlassen wird. Besonders wenn High-Performer entlassen werden, neigen sowohl leistungsstarke als auch leistungsschwache Arbeitnehmerinnen dazu, zu kündigen. Eine solche Kündigung sendet an alle anderen Teammitglieder das Signal aus, dass die Jobs nicht sicher sind und, dass das Unternehmen ihre Bemühungen nicht wertschätzt, unabhängig davon, wie hart sie arbeiten (Sima Sajjadiani 2023).

Kündigen Mitarbeiterinnen jedoch freiwillig, hat das nur einen moderaten Einfluss auf die Fluktuation und es dauert länger, bis weitere Kündigungen folgen. Dennoch tritt der Effekt auch hier auf, da die freiwillige Kündigung verbleibende High-Performer darauf stoßen lässt, dass es anderswo bessere Möglichkeiten gibt. Infolgedessen beginnen auch diese Personen, nach Alternativen Ausschau zu halten (Sima Sajjadiani 2023).

Auch die Auswirkungen von Frühfluktuation auf das Team sollten Sie nicht unterschätzen, denn sie sind demotivierend, verursachen Arbeitsüberlastung bei den verbleibenden Mitarbeiterinnen und schädigen das Employer Branding.

Der Umgang mit Kündigungen im Team ist demnach oft eine emotionale Achterbahnfahrt. Es kann eine Zeit des Schocks, der Unsicherheit und der Veränderung sein, die verschiedene Teammitglieder auf unterschiedliche Weise betrifft. Deshalb sollte die Veränderung aktiv begleitet und aufgefangen werden, auch um den möglichen Folgen entgegenzuwirken.

- **Anerkennung der Gefühle:** Es ist wichtig, die Vielfalt der Emotionen anzuerkennen, die eine Kündigung im Team hervorrufen kann. Einige Mitarbeiterinnen können traurig oder verärgert sein, andere besorgt oder ängstlich. Jeder hat das Recht, seine Emotionen zu fühlen, ohne sich dafür zu rechtfertigen.

- **Offene Kommunikation:** Fördern Sie eine offene und ehrliche Kommunikation im Team und kommunizieren auch Sie so transparent wie möglich. Ermutigen Sie die Arbeitnehmerinnen, ihre Gedanken und Gefühle zu teilen und hören Sie zu! Manchmal hilft es schon, einfach da zu sein und zuzuhören, ohne Ratschläge zu geben.

- **Unterstützung bieten:** Bieten Sie oder die Führungskraft Unterstützung an. Das kann bedeuten, zusätzliche Hilfe bei der Bewältigung der Arbeitslast anzubieten, ein offenes Ohr für Gespräche zu haben oder aktiv in den Austausch zu gehen. Das macht einen Unterschied.

- **Fokus auf das Positive:** Obwohl eine Kündigung zunächst negativ erscheinen mag, kann sie auch Chancen für Wachstum und Veränderung bieten. Ermutige Sie das Team, sich auf die positiven Aspekte zu konzentrieren, wie zum Beispiel die Möglichkeit, neue Talente einzubringen oder sich beruflich weiterzuentwickeln.

- **Gemeinschaft stärken:** In schwierigen Zeiten ist es wichtig, als Team zusammenzustehen und sich gegenseitig zu unterstützen. Finden Sie Wege, die Teamgemeinschaft zu stärken, sei es durch Team-Building-Aktivitäten, gemeinsame Mittagessen oder einfach nur durch gegenseitige Unterstützung im Arbeitsalltag.

Was Sie aus diesem *essential* mitnehmen können

- Sie haben ein grundlegendes Verständnis für die verschiedenen Phasen der Boarding Journey im Unternehmen erlangt.
- Ihnen wurden verschiedene Tools und Impulse zur Umsetzung in Ihren HR-Werkzeugkoffer gelegt.
- Sie sind gut gewappnet für den Umgang mit Kündigungen und wissen, wie man auch nach dem Ende der Arbeitsbeziehung Mitarbeiterinnen an sich binden kann und den Grundstein für ein gelungenes Onboarding der Nachfolgerin legt.

© Der/die Herausgeber bzw. der/die Autor(en), exklusiv lizenziert an Springer-Verlag GmbH, DE, ein Teil von Springer Nature 2024
N. C. Kraft, *Gelungenes Onboarding, Reboarding und Offboarding im Unternehmen*, essentials, https://doi.org/10.1007/978-3-662-69860-0

Literatur

Haufe. (2024). Aktuelle Haufe Onboarding Umfrage. https://images.aktuell.haufe.com/Web/HaufeLexwareGmbHCoKG/%7B6796772b-a06d-49f5-bb52-4ea834cd1515%7D_Haufe_Onboarding_Studie_2023.pdf // Zugegriffen: 27.04.2024

RATIS – Gemeinsam im Recht. (2019, 9. Mai). *Kündigungsstudie 2018: 12 Prozent der Kündigungen eindeutig fehlerhaft*. RATIS – Gemeinsam Im Recht. https://ratis.de/presse/kuendigungsstudie-2018/ // Zugriff: 27.04.2024

McKinsey-Umfrage: Ein Drittel der Beschäftigten denkt an Kündigung. (2022, 21. Dezember). McKinsey & Company. https://www.mckinsey.de/news/presse/2022-12-21-great-attrition-deutschland // Zugriff: 27.04.204

4. Sajjadiani, S., Kammeyer-Mueller, J. D. & Benson, A. (2023). Who Is Leaving and Why? The Dynamics of High-Quality Human Capital Outflows. *Academy Of Management Journal/The Academy Of Management Journal, 66*(6), 1929–1953. https://doi.org/10.5465/amj.2021.1327 // Zugriff: 27.04.2024

Preboarding neuer Mitarbeiter. (2023, Mai 26). Haufe.de News und Fachwissen; Haufe. https://www.haufe.de/personal/hr-management/preboarding-neuer-mitarbeiter_80_595408.html // Zugegriffen: 28.04.2024

Mit Onboarding-Kennzahlen & KPIs Deinen Prozess optimieren. (o. J.), von https://www.lendis.io/ratgeber/employee-lifecycle/onboarding/kennzahlen/ // Zugegriffen: 28.04.2024

Onboarding KPIs – Was Sie beachten sollten! (2024, März 21). Haufe HR Services; Haufe-Lexware GmbH & Co. KG. https://www.haufe.de/hr/magazin/onboarding-kpis?akttyp=organische%20suche&med=google&aktnr=84834&wnr=04393672// Zugegriffen: 28.04.2024

(O. J.). Meta-five.com. Abgerufen 1.Mai 2024, von https://www.meta-five.com/download/fachartikel/Onboarding_Studie_meta_five.pdf

Eßer, S. D. 2015, & Bernecker, D. M. (o. J.). SCHLÜSSELELEMENT IM EMPLOYER BRANDING. Marketinginstitut.biz. Abgerufen 1. Mai 2024, von https://www.marketinginstitut.biz/blog/wp-content/uploads/2019/08/DIM-Studie_Onboarding_2015.pdf

Public Relations. (2022, Oktober 6). Abgerufen 09.Mai 2024 Onboarding bei Arbeitgebern – Whitepaper. Newsroom; KÖNIGSTEINER Gruppe. https://presse.koenigsteiner.com/2022/10/06/onboarding-bei-arbeitgebern-whitepaper/

(O.   J.-b). Haufe.com. Abgerufen 9. Mai 2024, von https://images.aktuell.haufe.com/Web/HaufeLexwareGmbHCoKG/%7B6796772b-a06d-49f5-bb52-4ea834cd1515%7D_Haufe_Onboarding_Studie_2023.pdf

Printed in the USA
CPSIA information can be obtained
at www.ICGtesting.com
CBHW071929030924
13955CB00010B/1011